Couverture Inférieure manquante

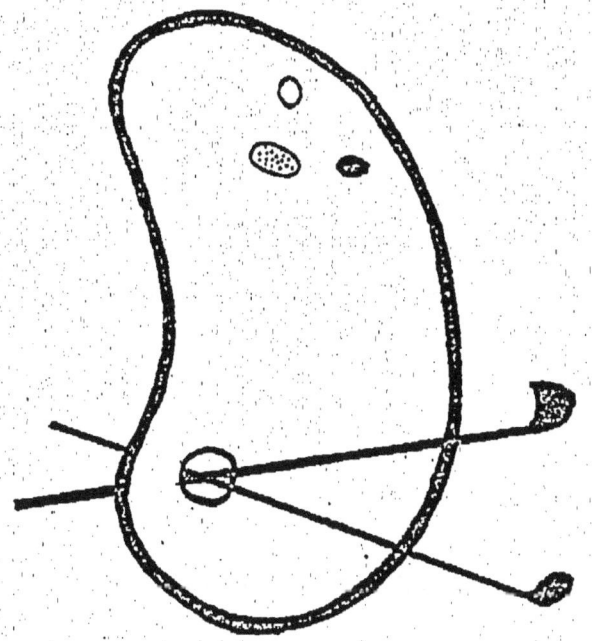

DEBUT D'UNE SERIE DE DOCUMENTS
EN COULEUR

PHÉNOMÈNES PSYCHIQUES

ET

SUPERSTITIONS POPULAIRES

PAR

CAMILLE RABAUD

PRÉSIDENT HONORAIRE DU CONSISTOIRE DE CASTRES

Prix : 1 fr. 50

BONNET, libraire
Castres, place Nationale

FISCHBACHER, libraire
Paris, rue de Seine, 33 (V^e)

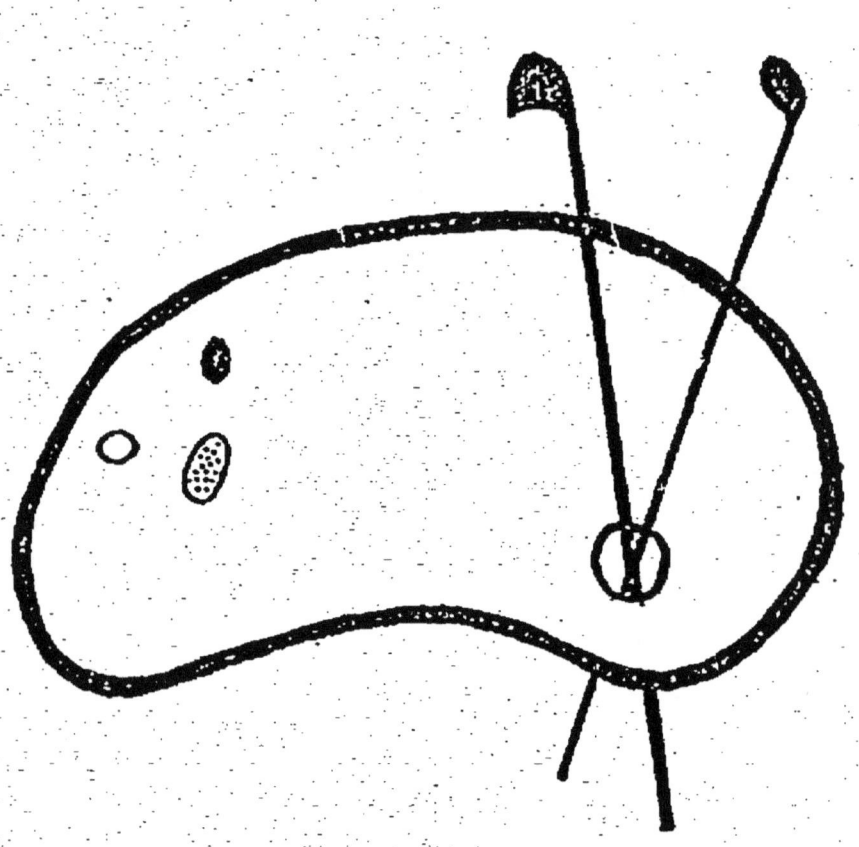

FIN D'UNE SERIE DE DOCUMENTS EN COULEUR

PHÉNOMÈNES PSYCHIQUES

ET

SUPERSTITIONS POPULAIRES

PHÉNOMÈNES PSYCHIQUES

ET

SUPERSTITIONS POPULAIRES

PAR

Camille RABAUD

PRÉSIDENT HONORAIRE DU CONSISTOIRE DE CASTRES

Prix : 1 fr. 50

BONNET, libraire   FISCHBACHER, libraire

Castres, place Nationale   Paris, rue de Seine, 33 (Vᵉ)

AVANT-PROPOS

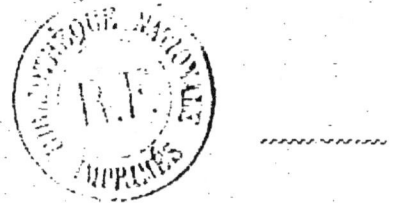

La sorcellerie, avec toutes les superstitions populaires qui s'y rattachent, n'intéresse pas seulement l'histoire, mais aussi la psychologie et la médecine. Les légendes ont commencé de bonne heure autour de l'Esprit du mal, Satan, personnage puissant, rusé, prenant toutes les formes, tous les noms, l'ennemi juré du bien et lui livrant, partout dans le monde, une guerre gigantesque, implacable, acharnée.

Particulièrement connu sous les appellations de Béelzébul, Azazel, Astaroth, Asmodée, Belphégor, il commande à une armée de 7.405.928 diablotins, à la tête desquels se trouvent 72 officiers de choix, et c'est avec ces forces que, précipité du ciel depuis l'origine du monde, il est entré en lutte avec Dieu lui-même dont il a cherché, en tout temps et partout, à détruire l'empire pour se mettre en son lieu et place.

Il est le séducteur par excellence. Il offre argent, honneurs, pouvoir, plaisirs, à qui se donne à lui corps et âme. Il s'en prend de préférence aux femmes ; aussi, le nombre des sorcières, dans l'histoire, dépasse de beaucoup le nombre des sorciers. Les uns et les autres, sorciers et sorcières, avaient droit d'assister au sabbat qui, d'après la croyance populaire, consistait en ceci : Après s'être enduit d'un onguent donné par le diable et s'être mis un manche à balai dans les jambes, on se rendait de nuit dans une ruine, une lande écartée ou un cimetière, et là, festin de crapauds, de cadavres, de foies d'enfants non baptisés ; puis, danses infernales et autres sarabandes innommables.

Les sorciers, les sorcières, avec leur génie du mal, jettent des sorts, tuent, détruisent récoltes, troupeaux, par leur seul regard, leur passage, l'insufflation d'une certaine poudre d'autant plus diabolique que, par elle-même, elle est inoffensive. (¹)

(¹) *La Magicienne,* par Jules Lermina.

Et il fallait que cette croyance fut bien universelle, bien ancrée dans les mœurs, pour que des hommes comme Pic de la Mirandole et Ambroise Paré en fussent convaincus. Le diable marquait de son empreinte, d'un *sigillum,* d'un *stigma,* la peau de ses sorciers ; lorsque l'un d'eux était saisi, aux xve et xvie siècles, les inquisiteurs étaient souvent aidés par un médecin, un apothicaire, un barbier, pour découvrir la plaque, le sigillum, et ces marques qu'aujourd'hui on appelle « hystérie », on les appelait alors « sorcellerie » ; et c'en était assez pour que la torture et le bûcher eussent aussitôt raison de ces âmes démoniaques!

Le nombre de ces prétendus sorciers, morts victimes de ce terrible préjugé, est incalculable. Les malheureux! c'étaient de simples fous, ou des hystériques, ou des pauvres d'esprit, ou des hallucinés, ou des monomanes qui passaient pour les organes de Satan, les exécuteurs de ses ordres!

Stupide légende qui ne s'explique que par l'effrayante dose de crédulité de nos ancêtres et qui, hélas! s'est perpétuée jusqu'à nous; elle n'entraîne plus, sans doute, l'instrumentation des inquisiteurs, torture et bûcher, mais elle n'en offre pas moins toujours de très grands dangers.

C'est justement ce qui nous a inspiré de nous attaquer à elle, d'en dévoiler les détails, pour servir de la sorte la vérité et la sécurité publique. On n'avait, jadis, aucun sens critique; on se prononçait sur de simples apparences. Au lieu de condamner, on aurait dû soigner : les prétendus sorciers... c'étaient de pauvres malades! ce qui justifie le mot d'un magistrat éminent : « Si les médecins s'en mêlent, on ne condamnera plus personne. »

Phénomènes psychiques

et

Superstitions populaires

I

Les phénomènes psychiques, c'est-à-dire les faits produits par l'action de l'esprit sur l'esprit, de l'esprit sur le corps et la matière inerte, — les phénomènes complexes, étranges, déterminés par des causes cachées, ce qu'on appelle le fluide psychique ou l'influx nerveux, — m'ont laissé longtemps sceptique [1].

Leur singularité et, à leur occasion, les innombrables illusions, erreurs, supercheries, exploitations auxquelles ils donnent lieu, — en même temps que

---

[1] *La personnalité humaine*, sa survivance, ses manifestations supra-normales, par W. Myers, traduit par Jankelevitch. F. Alcan.

Le Magnétisme animal et l'Hypnotisme, par Dr F. Bottey, ex-interne des hôpitaux de Paris, 3e édit. Plon, Paris.

Hypnotisme et suggestion hypnotique, par trente auteurs, publié par E. Virgil Néal, A. M. LL. D. et Charles S. Clark M. E. New-York.

trois expériences personnelles à Genève, Albi et Carcassonne, — ne m'avaient inspiré que défiance et dégoût.

Mais, depuis, lectures et réflexions continues ont peu à peu dissipé mes préventions systématiques, et j'ai dû finalement reconnaître qu'il y avait là quelque chose, je ne sais quoi, peut-être beaucoup ; j'ai reconnu que ces manifestations hétéroclites, si contraires à nos sens et à nos lois, pouvaient devenir la matière d'une science nouvelle, et la conviction m'est venue que, sous la gangue du minerai, se cachait peut-être un or pur que l'avenir se chargerait de dégager.

Ce sont justement ces faits cachés mais certains, ces lois inconnues mais qui se révèlent çà et là par des phénomènes authentiques, touchant aux domaines de la psychologie et de la physiologie, — qui servent de support aux superstitions populaires. Ce sont ces choses extraordinaires et inexpliquées, anormales ou supra-normales qui, en grande partie, donnent lieu à la crédulité et à la duperie, sa compagne ordinaire.

Or, s'il faut se défier des illusions, des fraudes, il ne faut pas moins, quand les faits sont bien avérés, avoir le courage et la droiture de les avouer, quels qu'en puissent être les résultats.

* *

Il est certain que tous les mystères qui nous enveloppent encore favorisent les superstitions. Et si l'on pouvait reconstituer la genèse de chacune d'elles, remonter au premier germe qui lui donna naissance, on s'assurerait qu'un fait très naturel, mais alors très surprenant, fut son berceau; la plupart des croyances populaires reposent sur un fait primitif; la difficulté est de le retrouver, à travers la nuit des temps, pour le caractériser. Telle fut certainement l'origine de la mythologie. De là, viennent et les dieux supérieurs et les dieux inférieurs, — et ce pullulement de divinités qui assignent un dieu particulier à chaque phénomène, à chaque événement, à chaque date de la vie publique et privée, et qui permirent plus tard à Bossuet de dire que « tout était dieu excepté Dieu lui-même. » C'est que, à cette époque lointaine, bien des choses qui nous sont maintenant familières apparaissaient avec un tel caractère d'étrangeté que, dans l'ignorance des causes, on les attribuait (moyen aussi simple qu'expéditif) à un dieu particulier, parfois même à un dieu *inconnu*, — comme ce fut le cas à Athènes où l'on éleva un autel « au dieu inconnu », au dieu de la peste qui l'avait ravagée (Act. xvii, 25), — autel qui fut l'occasion d'un des plus beaux discours de saint Paul : « ..... Ce Dieu que vous ne connaissez pas, c'est celui que je vous annonce. »

De nos jours, ce sont d'autres mystères, d'un nouveau genre, qui s'éclairciront tôt ou tard, comme ceux de jadis. Le devoir est de les pénétrer et d'en rechercher la cause, au lieu de les repousser, de les *nier* systématiquement, — ainsi que font certains négateurs absolus, certains savants, professeurs, médecins qui, prenant en pitié les expériences psychiques, ne veulent connaitre que la science officielle. D'autres se campent dans *un scepticisme* mi-bienveillant, mi-railleur. D'autres enfin, les disciples, les fanatiques, s'enthousiasment et affirment trop prématurément, trop légèrement.

La sagesse commande, en ces délicates matières, de procéder avec prudence, de n'accepter aucun fait nouveau qui ne soit un fait certain. Donc, pas d'illusion, mais, non plus, pas de négation des faits nouveaux qui contrarient les solennelles affirmations des oracles patentés de la science classique.

Il est des groupes d'hommes instruits, investigateurs, sincères, qui se livrent à une étude passionnée des phénomènes psychiques : Wallace, Lombroso, Duclaux, Charcot, Richet, de Rochas, Crookes, Lodge, Myers, Zallner, Maxwell, etc. Il existe de véritables écoles en Angleterre, en Allemagne, en Italie, en France, en Russie, en Amérique, où des hommes sérieux, offrant toute garantie comme capacité et honorabilité, s'adonnent à la recherche et à l'étude des faits psychiques. Un compendium de cette science nouvelle a été fait avec le concours de trente auteurs qui peuvent différer sur la cause réelle, mais qui sont d'accord sur les points principaux ; ce sont les plus grands savants du siècle présent.

Il se publie des journaux, des revues, toute une littérature sur les manifestations qui se produisent, sur les médiums (¹) privés ou professionnels qui leur

---

(¹) Les médiums sont des gens possédant la force psychique à un degré exceptionnel ; on en compte un ou deux sur dix personnes et ils émettent la *force psychique* qui s'accroît de la force émise par les assistants en se combinant avec elle.

servent d'organes, pour les guérisons extraordinaires, les cas bizarres, les fluides dynamiques, les lois inconnues, encore insaisissables. Il s'est constitué une vraie science nouvelle, la science des choses cachées, *l'Occultisme,* dont on peut rire, mais qui, en dépit des tâtonnements et des obscurités des débuts, n'en a pas moins rendu déjà des services signalés, — heureux augure d'avenir.

Le professeur Charles Richet préfère au nom d'*occultisme* le nom de *métaphysique,* du mot d'Aristote qui, après un chapitre sur la *physique,* intitula le suivant *métaphysique,* science des faits qui dépassent la physique. De même, la *métaphysique* est la science des faits qui dépassent les faits psychiques, les faits de la psychologie normale.

Mieux vaut cent fois, sous toutes réserves, se prêter aux investigations des choses cachées que se buter avec entêtement contre des phénomènes qui peuvent n'être qu'une apparence, mais qui peuvent être aussi une positive réalité. En admettant même que beaucoup ne sont que de fuyantes chimères et qu'on en doive défalquer d'abondants déchets, toujours est-il qu'il en reste des débris précieux, des germes féconds pour des constructions futures. Les alchimistes du moyen âge, à la recherche de leurs utopies, de leur pierre philosophale, n'en ont pas moins préparé la chimie moderne. Les astrologues, en fouillant les constellations pour y découvrir le prétendu secret de notre destinée, n'en ont pas moins utilement servi l'astronomie. Parfois, le phénomène le plus insignifiant, — le soulèvement d'un couvercle de marmite par la vapeur (Papin), le tiraillement des nerfs d'une grenouille (Galvani), — peut devenir le point de départ d'une découverte capitale. Se fut-on jamais douté que d'un couvercle de marmite, sortiraient les chemins de fer, et d'une humble grenouille, l'éclairage de Paris ?

Il reste encore, en dépit des immenses progrès du dernier siècle, infiniment plus à connaître qu'on ne connaît ; à peine, à l'heure actuelle, connaît-on les bords de la création ; la raison dernière d'une foule de choses, on l'ignore. On est très loin d'avoir pénétré les forces mystérieuses de la nature, les lois de l'univers, les propriétés des corps, leurs intimes relations et les mille phénomènes se rattachant à des causes inconnues.

Ainsi, l'un des résultats les plus avérés des sciences psychiques, c'est que notre personnalité n'a pas l'unité, l'homogénéité qu'on lui croyait. La philosophie classique ne pensait pas « qu'il put se passer dans l'âme quelque connaissance à son insu » ; mais la psychologie moderne démontre que la personnalité humaine se compose de deux parties : le conscient ou supraliminal et l'inconscient ou subliminal, — ce qui est au-dessous du seuil de la conscience normale. Or, nous ne connaissons que le conscient.

Notre moi réel dépasse notre moi conscient, et, entre les deux, pas de cloison étanche, mais des échanges, des bouleversements ; la mentalité du sommeil est autre que la mentalité de l'état de veille. Que de fois un vieux souvenir, enseveli dans les basses couches du subliminal, réapparaît tout à coup dans les couches supra-liminales ! Que de fois un nom qu'on sait ne revient pas, mais au bout de quelques semaines surgit brusquement! (¹) Mozart disait d'une de ses plus belles œuvres : « Je n'y suis pour rien », et Schopenhauer disait de sa philosophie : « Ce n'est pas moi qui l'ai créée, elle s'est créée en moi. » Nos meilleures idées se produisent souvent sans notre intervention, au moment où notre volonté est comme endormie, comme une sorte de rumination de notre subliminal. Que de fois en dormant ne fait-on pas (mieux qu'à l'état de veille) une lettre, des vers, un discours! Sous l'influence de la suggestion ou de l'hypnotisme, le subliminal devient prépondérant (²). On a dit du génie qu'il n'est pas une névrose, mais un échange plus riche du subliminal avec le supraliminal.

Donc, la personnalité d'un chacun, composée d'une partie consciente et d'une partie inconsciente peu accessible, ne nous est qu'imparfaitement connue. D'où, les dédoublements de personnalités constatées par les médecins.

Il n'est que trop certain, — nous ne connaissons pas même ce qui concerne notre propre nature, ce qui nous touche de plus près, nos facultés, nos virtualités, nos énergies latentes. A chaque instant, surgissent des phénomènes irrécusables, mais inexpliqués, des états intellectuels et moraux, mi-physiques, mi-spirituels, des crises dont nous sommes acteurs

---

(¹) *Le Sub-conscient* chez les artistes, les savants et les écrivains, par Paul Chabanoix. J. B. Baillières, 1897. — *Philosophie de l'Inconscient*, par Hartmann.

(²) *Suggestibilité*, par Binet. — *Hypnotisme et Suggestion*, par Grasset.

ou témoins, — scientifiquement constatés par les hommes les mieux qualifiés, — dont nous ne pouvons pas plus douter que de nous-mêmes et qui nous stupéfient. « Nous ne vivons, dit William James, » qu'à la surface de notre âme et nous ne nous doutons pas des trésors inemployés qui dorment en » nous. » On est confondu, pour peu qu'on ouvre les yeux, par la myriade des phénomènes psychiques, extraordinaires, rompant avec la vie normale : empreintes marquées, ineffaçables, sur verre, argile, objets divers, phénomènes lumineux, effluves et phosphorescence des doigts, du corps humain, d'objets matériels, — automatisme sensoriel, — messages fabuleux de la télépathie à travers les distances, transmission d'une idée, d'une sensation, d'une personne à l'autre ; prémonition d'un fait futur ; vue dans un miroir, 24 h. d'avance, des scènes qu'on vivra le lendemain, comme si le *temps* et l'*espace* n'étaient que des formes de la pensée, selon la théorie kantienne sur la contingence de ces catégories ; — déplacement, glissement, lévitation de meubles ; — gonflement d'étoffes, trépidations ondulatoires de rideaux ; — mouvements d'objets par contact (parakinésie), sans contact (télékinésie) ; — suggestions cataleptiques ; — somnambulisme naturel ou provoqué, — hynoptisme ou sommeil nerveux avec ses phases successives de léthargie, catalepsie, somnambulisme ; — hallucinations de l'ouïe, de la vue, du tact ; extériorisation de la puissance fluidique qu'on peut mesurer et photographier ; dédoublement de la conscience ; — transformation de personnalité ; — vie et vue inconsciente ; — insensibilité de la

peau, des muscles et des muqueuses ; — fascination ;
— prodiges de la foi et de la volonté ; — guérisons
tenant du miracle, par l'hypnotisme et la suggestion ;
— opérations cent fois répétées avec un rigoureux
contrôle, au demi-jour et en plein jour, par des
hommes aussi sérieux que distingués, comme les
professeurs Charcot, Richet, Grasset et l'avocat-général Maxwell de Bordeaux.

Des innombrables phénomènes psychiques qu'on
pourrait citer en preuve, je n'en relève que deux absolument certains : Visitant un jour l'orphelinat de
Brassac (Tarn), on me raconta l'histoire d'une jeune
orpheline malade, hystérique, et qui, en quittant
l'asile dit à ses compagnes : « je veux vous laisser un
souvenir ; » elle appliqua sa main au carreau d'une
fenêtre et sur la joue d'une de ses amies ; aussitôt,
apparut une empreinte visible ; celle de la joue ne
dura que quelques semaines ; celle de la vitre dure
encore après plusieurs années, en dépit de tous les
lavages au savon et au sable. Quelle émission de
fluide et quel fluide corrosif en certains cas !

Le second fait est une irradiation lumineuse : Un
élève manquant à l'école du dimanche, mon ami,
M. L., — en bon pasteur, — va s'informer auprès
des parents du motif de son absence. « Nous avons
» craint, dit la mère, une maladie ; la lumière jaillis-
» sait de tous ses doigts ; nous l'avons mis au lit, le
» voilà. » M. L. soulève les draps et, stupéfait, aperçoit une phosphorescence recouvrant tout son corps.
Je dois pourtant dire que, s'il a longtemps semblé
établi que la nature entière et surtout l'organisme
cérébral et musculaire émettaient des radiations

lumineuses, — de nombreux savants, à l'heure actuelle, le contestent énergiquement. Il n'en est pas moins vrai que quantité de faits supra-normaux sont indubitables, qui attestent la réalité et la force du fluide nerveux agissant de mille façons différentes.

Charcot, surnommé le Napoléon de l'hystérie, a constaté dans l'hystérie et la catalepsie des faits absolument merveilleux. L'hypnotisme et la suggestion en offrent de plus surprenants encore, au point de vue moral autant qu'au point de vue physique. Il en est résulté une méthode nouvelle de guérison, la *Psychothérapie*; guérison par traitement moral, par l'action de l'âme, de la foi, de la prière, comme dans certains établissements *ad hoc*, où se reproduisent les miracles qui jadis donnaient aux prétendus sorciers tant de prestige et de crédit. Elle opère de vraies métamorphoses sur des vicieux, des paresseux, des alcooliques, des écloppés, des ataxiques, des cleptomanes, des mélancoliques, des poltrons. Ainsi, s'expliquent les deux tiers des guérisons de Lourdes, 200 sur les 300 du livre du docteur Lasserre, — les 100 autres dûes à l'illusion ou à l'erreur. La foi, la volonté, produisent des effets inouïs, attribués longtemps au bon ou au mauvais œil [1]. C'est ici qu'il faut se garer de la superstition et du charlatanisme, des vieilles théories du magnétisme animal, du Mesmérisme et du fluide magnétique, morts à jamais sous les coups répétés de Braid, en 1843. C'est l'hypnotisme qui les a remplacées et qui explique une infi-

---

[1] La *Magie* et l'*Hypnose*, par Papus, D' médecin.

nité de cas, dits surnaturels, par l'action d'un fluide nerveux provenant d'un état physiologique spécial se produisant à la suite de certaines excitations, sous le contrôle rigoureux de la science, et susceptibles d'être renouvelés par chacun, dans les mêmes conditions. Les trois états de l'*Hypnose* sont la léthargie, la catalepsie, le somnambulisme, nous l'avons déjà dit.

Charcot et ses émules attribuent quantité de faits extraordinaires à la puissance du fluide nerveux. La foi, certes, y joue un grand rôle ; c'est une force motrice de premier ordre ; mais, pas plus que la suggestion, elle ne guérit les maladies provoquées par des lésions organiques ; elle guérit seulement celles qui proviennent de troubles fonctionnels.

On connait l'expérience classique du condamné à mort qui, les yeux bandés, mourut sans effusion d'une goutte de sang, parce que les piqûres faites à ses mains et à ses pieds et la chute d'un filet d'eau tiède sur chacune lui donnaient l'illusion qu'il était saigné à blanc. Qu'on juge de la puissance de la suggestion, en pensant qu'elle détruit la douleur d'une aiguille enfoncée dans la chair, par la croyance que l'aiguille vient d'en être extraite, alors qu'elle y est encore. Le pouvoir de la suggestion est absolument merveilleux, proportionné au degré de la foi. Les idées sont des forces ; et ce qui est dans l'esprit en ressort par les muscles. On peut tout attendre de la thérapeutique suggestive ; le malade s'endort, on lui inculque par suggestion qu'une fois réveillé, il sera guéri ; et ainsi, disparaissent maladies morales et physiques, défauts de caractère, vices, angoisses, et quantités de maux matériels ; car, l'action de l'Esprit sur la matière est sans pareil.

On cite un homme dont les mains étaient couvertes de verrues que rien n'avait pu détruire. On l'hypnotise ; on badigeonne ses verrues avec de l'eau tiède ; on lui affirme avec autorité quelles ont disparu ; et les verrues s'effacent insensiblement !

Rappellerons-nous le fait historique des *stigmates* de saint François d'Assises qui, — à force de s'identifier avec le Sauveur et ses blessures, — finit par avoir à ses mains et à son côté, l'empreinte des clous et du coup de lance ? On raconte, entr'autres, le fait frappant d'une jeune fille de 12 ans, paralysée du côté droit et y voyant peu de l'œil gauche. Conduite par sa mère chez un médecin psychothérapeute, l'enfant s'écrie : Je ne veux pas être endormie ! — Non, non, vous ne le serez pas, asseyez-vous sur ce fauteuil. Vous dites avoir le côté droit paralysé et n'y pas voir de l'œil gauche ! — Oui, Monsieur. — C'est une erreur, mon enfant ; c'est le contraire ; vous voyez de l'œil gauche, pas du droit, et c'est la jambe droite qui est forte et la gauche faible ; levez-vous ! Et, en effet, à la stupéfaction de la mère et de la fille, il en est ainsi. — Maintenant asseyez-vous de nouveau et, quand vous allez vous relever, vous jouirez pleinement de vos jambes et de vos yeux. L'effet fut immédiat, stupéfiant : mère et fille, au cou l'une de l'autre, versèrent des flots de larmes de joie et bénirent le docteur avec effusion.

Voilà ce que peut produire l'empire de la volonté et de la foi.

« La foi transporte les montagnes ; » il est des cas

où la ferme confiance, où l'ascendant moral provoquent des révolutions intérieures qui semblent tenir du miracle. Il est des guérisons par de vieilles femmes que toutes les Facultés et toutes les pharmacies réunies n'auraient pas produites. Le général Lafayette prenait des bouillons de vipères qui, d'après Mme de Sévigné, « lui donnaient de la force à vue d'œil. » Montaigne a dit plaisamment, mais avec vérité, à propos de certains moyens : « leur inanité leur donne poids et révérence. »

La psychothérapie moderne ne procède pas par singeries, mais par la raison, scientifiquement ; elle ne s'impose pas à la volonté comme l'ancienne, elle sollicite sa collaboration ; elle peut produire des maladies et elle peut guérir celles qu'elle a produites.

Maintes fois, le traitement psychique a obtenu les plus beaux effets dans les maladies où la volonté est affaiblie, dans le rachitisme de l'intelligence, dans les déviations du caractère. On a si bien reconnu l'empire et le prix de la volonté, qu'on a fondé en Amérique des écoles destinées à fortifier, à redresser, à créer la volonté et les *professeurs de volonté* y foisonnent ([1]). On se rappelle involontairement, à propos des émissions des forces psychiques, de la parole de Jésus au milieu de la foule : « J'ai senti une vertu sortir de moi » (Matth. 4/5, 6), et, sans vouloir établir aucune assimilation, même lointaine, je ferai observer que l'Antiquité mettait inconsciemment en œuvre des procédés, des méthodes, produisant des

---

([1]) *Le Temps*, 21 juin 1904.

résultats dont on faisait honneur à la démonologie. Les anciens thaumaturges recouraient, par leur ascendant prestigieux, à une sorte de chirurgie morale, de greffe mentale, substituant leur propre pensée et leur volonté à la pensée et à la volonté d'autrui : habiles artistes, sinon ardents apôtres. Du reste, suggestionneurs et hypnotiseurs, de nos jours, en font autant et obtiennent autant, — en agissant sur les profondeurs de notre *moi ;* car, ce n'est pas dans la *personne consciente,* mais dans les profondeurs inconscientes de l'âme que les Français appellent la *seconde personne,* — que résident les énergies cachées qui, de temps à autre, dans des circonstances déterminées, font explosion ; les Anglais l'appellent le *moi au-dessous du moi* et Émerson l'*âme supérieure.*

Le *Spiritisme* en abuse et, avec son *périsprit* et son corps *astral,* — prétendue enveloppe de l'âme, — avec ses apparitions de formes humaines, de fantômes, sans constatations scientifiques, purement fantastiques, produits d'imaginations hallucinées ou de grossières fraudes, il aboutit à la superstition ; il quitte le domaine des faits pour l'hypothèse gratuite. Il soulève le gros problème de la *survie* sensible. Il tourne contre lui la plupart des savants, notamment Maxwell, ce distingué avocat-général de Bordeaux qui, pour mieux étudier les phénomènes psychiques se rattachant par tant de points à la médecine, est devenu à force de travail docteur-médecin et a passé dix ans, dans les réunions spirites, à observer, à scruter les faits, — en rapport avec les spirites les plus éminents du monde entier. Or, sa conclusion est que, si le spiritisme a mis en évidence, par mille manifestations, les incontestables irradiations de la force psychique, du fluide nerveux, il n'a nullement établi la réalité des apparitions qui, à ses yeux, ne sont qu'illusion ou duperie.

.·.

C'est donc sur un fond de vérité que s'appuyent les superstitions et le charlatanisme qui les exploite à son profit. L'histoire est remplie de ces corruptions de la vérité, de cette dégénérescence de faits certains en des déformations fallacieuses, en des préjugés stupides, en des croyances qui n'ont plus rien, même du sens commun. Certes, tant de faits extra-normaux, troublants, inconnus encore dans leur cause véritable, favorisent la crédulité des esprits faibles. Les catholiques y voient l'action des démons et s'en vengent à coup d'exorcismes; d'autres croient à l'intervention des anges; la foule ignorante s'agenouille devant le surnaturel dans toutes les manifestations inexpliquées; elle est comme hynoptisée par le merveilleux dans un monde irréel; et la fourberie des aigrefins, s'alliant à leur cupidité, trouve là un terrain tout prêt pour l'exercice de leur vil métier.

Ce sont donc les phénomènes psychiques, qui ont surtout fourni matière à la généralité des superstitions, à l'alchimie, à la magie, à la kabbale, à la sorcellerie de tous les temps et, de nos jours, au spiritisme dans ce qui le constitue fondamentalement, savoir : la communication avec les morts, l'apparition des formes humaines, mains ou têtes, des fantômes, des revenants, — dont on prend même la photographie, — qui ne sont que d'habiles tours de prestidigitation à la Robert-Houdin et dont le secret est maintenant éventé (¹).

Que le spiritisme, par ses expériences réitérées, ait dévoilé, incontestablement prouvé de remarquables émissions d'énergie psychique, avec ou sans contact, sur des objets divers ; que même ce fluide nerveux se manifeste, dans quelque mesure, avec une certaine intelligence, comme dans les coups frappés par le pied d'une table en réponse aux questions des assistants, — on n'y peut contredire quelque renversant que cela soit. Mais la grosse question, c'est que ces faits, produits par la double force psychique combinée, du médium et des assistants, ne sont nullement produits par une entité extérieure aux assistants, distincte des assistants, par l'intervention d'un mort connu ou inconnu, — comme c'est la croyance caractéristique du spiritisme. Il n'y a là qu'une force mystérieuse, inexpliquée, comme l'a été longtemps l'électricité maintenant partout répandue, et dont on ne soupçonnait ni l'origine, ni les forces cachées, pas plus qu'on ne soupçonnait l'énergie spécifique de l'aimant, de l'ambre frotté, des rayons Rœntgen, du radium. Rien de surnaturel en tout cela, mais simplement des mystères naturels, des lois cachées, des faits momentanément obscurs, destinés à être plus tard éclaircis par les progrès de la science, qui livrera la solution à nos arrière petits-fils et peut-être à nous-mêmes.

(¹) Glace et trappe, huile phosphorée.

Que de maladies inconnues jadis, entr'autres, l'épilepsie, le surdi-mutisme, l'hystérie, la catalepsie, attribuées, au temps de Jésus, à la démonologie, aux possessions ! Mais les progrès de la médecine, refoulant les démons dans leur enfer, ont démontré avec certitude qu'il n'y avait là que de simples états relevant de la pathologie.

Combien nos ancêtres ne seraient-ils pas ébahis, de nos jours, par la vue d'une foule de phénomènes qui les tourmentaient et qui, maintenant, constituent notre vie quotidienne! Il en serait de même de nous si, dans 500 ans, nous pouvions honorer le monde de notre visite ; nous exulterions à la vue de tant de choses, tenant au psychisme, parfaitement élucidées, expliquées et qui, à présent, nous déconcertent et nous angoissent. « Le monde nous apparait
» de plus en plus compliqué ; les forces qui y circu-
» lent y sont en nombre immense ; celles que nous
» ignorons sont en nombre bien plus considérable
» que celles que nous connaissons » (¹).

L'homme et le monde sont saturés de forces inconnues. On connait l'ascendant prodigieux d'un tempérament sur un autre, au point qu'on a pu diviser les hommes en fascinateurs et fascinés, et que Voltaire a pu dire que dans la vie « on est enclume ou marteau. » Au fond, à des degrés divers, tout le monde est suggestible ; les médecins hypnotiseurs le savent bien. Si, parfois, cette impressivité est maladive, s'il est des désordres nerveux comme dans l'hystérie, la

---

(¹) Le Directeur de l'Institut *Pasteur*.

neurasthénie, l'épilepsie, la catalepsie que le moyen âge traitait de sorcellerie et guérissait par le bûcher, d'autre part aussi les phénomènes psychiques se produisent dans l'état de santé normale. Dans l'état normal, l'esprit également agit sur l'esprit, — lui suggère des pensées, des sentiments, des volontés, — les modifie, les étend, les annule à son gré, — se substitue en quelque sorte à lui.

Dans cet état de choses, quel est notre devoir d'hommes, de chrétiens, de protestants? C'est d'user largement de notre raison, de notre libre examen; d'ouvrir toutes nos facultés sur les faits mystérieux qui s'agitent en nous et hors de nous; de recevoir la lumière d'où qu'elle vienne et quelle qu'elle soit, de la proclamer loyalement et sans réserve. Vérité, sincérité sont deux sœurs qui marchent ensemble. Loin d'avoir rien à craindre de la science, la vérité a tout à en attendre; finalement, en dépit de tout, la vérité doit prévaloir.

Gardons-nous donc de repousser de parti-pris des phénomènes qui recèlent peut-être des perles de grand prix. Ne dédaignons point, par peur du ridicule ou par orgueil de la science officielle, des éléments révélateurs de quelque loi cachée; ne nous privons pas de ces points de repère, jalons de l'avenir, de ces premières lueurs qui peuvent être l'aube d'un jour nouveau.

D'autant que si nous refusions de nous enquérir des faits étranges et de les sonder, la superstition ne manquerait pas de s'en emparer, de les dénaturer, de les exploiter. Quelle faute ce serait que de livrer à des esprits étroits tout un domaine encore inconnu où gisent des trésors et où se découvrent de riches horizons !

Victor Hugo, dont le génie touchait à tout, a merveilleusement exprimé ce conseil : « Toutes ces cho-
» ses, dit-il, spiritisme, somnambulisme, catalepsie,
» convulsionnaires, tables tournantes, jongleurs du
» feu, charmeurs de serpents, faciles à railler, méri-
» tent examen. Si vous abandonnez ces faits, prenez
» garde, les charlatans s'y logeront et les imbéciles
» aussi. Pas de milieu, la science ou l'ignorance. Si
» la science ne veut pas de ces faits, l'ignorance les
» prendra. Vous avez refusé d'agrandir l'esprit hu-
» main, vous augmentez la bêtise humaine ; où La-
» place se récuse, Cagliostro paraît » (¹).

C'est donc un devoir pour tous de dissiper les superstitions qui obstruent et dégradent les âmes, en y usurpant la place de la raison et de Dieu.

Mais ces superstitions, quelles sont-elles ? Pour les combattre et les détruire, commençons avant tout par les connaître.

(¹) Post-scriptum, p. 242.

Superstitions populaires

Le mot *superstition* vient du verbe latin *superstare*, s'élever au-dessus, au-dessus des causes naturelles vers les causes surnaturelles pour y chercher la raison cachée des phénomènes inexplicables.

C'est que la limite du naturel et du surnaturel, toujours fort imprécise, se perd dans un nimbe vaporeux difficile à démêler ; nul encore n'a su la tracer avec quelque sûreté. Je me demande même si, avec la secrète action de la volonté sur la volonté, de l'esprit sur l'esprit et sur le corps, avec l'action de la foi sur les forces latentes, avec l'action de la prière et de Dieu sur l'âme et sur le monde, — je me demande si, avec cette complication de tant d'énergies diverses et emmêlées, agissant ensemble ou séparément, il est bien possible de les distinguer suffisamment pour assigner à chacune sa juste part, pour tirer la ligne séparative où s'arrête le naturel et où commence le surnaturel, l'action de l'homme et l'action de Dieu.

Voici, par exemple, un malade qui désire, veut ardemment sa guérison ; d'autre part, croyant au puissant amour de Dieu et à l'efficacité objective de la prière, il prie avec une intense ferveur ; il se sent aussitôt soulagé, bientôt guéri ; c'est un fait notoire, fréquent. Eh bien, dans l'espèce, dans ce déploiement combiné de volonté, d'auto-suggestion, de foi, d'action directe de Dieu sur l'âme et, par incidence, de l'âme sur le corps, comment faire le départ de ces multiples éléments, doser exactement l'intervention de l'homme et l'intervention de Dieu, c'est-à-dire tracer la limite respective qui sépare le naturel du surnaturel ?

Dira-t-on qu'en ceci consiste le surnaturel qu'il n'est pas à la disposition d'un homme pécheur, surtout de ces sorciers prétendus, de ces empiriques de haut ou de bas étage qui s'arrogent le droit de disposer des forces de la nature et de Dieu ? Mais qui certifiera que, dans un cas donné, Dieu ne se sert pas, pour ses desseins, d'instruments que nous n'employerions pas nous-mêmes ? Et, dans les faits complexes, comme le fait précité, où les deux actions humaine et divine semblent agir de concert, encore une fois, la séparation précise, l'exacte limite, comment l'établir ?

Grand problème qu'on ne saurait envisager avec trop de sérieux et de respect. Mais s'il n'est pas possible d'en tenir encore la solution, au moins peut-on en mesurer la délicatesse et l'étendue pour éviter à la fois et les abus d'un supranaturalisme mal compris et les sèches négations d'un sceptique naturalisme.

.·.

Un fait indubitable, c'est que l'homme semble né avec l'irrésistible instinct du merveilleux, du miracle. De là, le colossal crédit qu'il accorde à la Salette, à Paray-le-Monial, à Lourdes, à saint Antoine de Padoue, etc. De là, ces cultes illégitimes et malsains à de simples créatures, aux saints, à la Vierge, aux images, aux statues, aux reliques. De là, ces pratiques puériles, ces vains rites multipliés, ces médailles, ces talismans, ces amulettes, ces exorcismes doués de toutes les vertus et de quelques autres encore. Primitive religion d'esprit, dégénérée en religion matérielle, en magie, en superstition; il ne reste plus qu'une parodie de la simple et pure religion du Christ, un trompe-l'œil et, par conséquent, une fausse réponse au sentiment religieux. Aussi, les uns se croient-ils autorisés à parler de la « *faillite de la religion* » qui n'a pas su nourrir l'âme humaine, laquelle alors s'est jetée dans les billevesées. Les autres, au contraire, parlent de la « *faillite de l'irréligion* » de la libre pensée qui, impuissante à combler les vides de l'âme, a vu les niaiseries accourir pour remplir la lacune.

Mais ne touchons pas à cette querelle, pas plus qu'aux innombrables superstitions religieuses qui abaissent le Catholicisme presque au niveau du Paganisme et en éloignent généralement la partie éclairée et réfléchie de la population.

Tenons-nous-en aux *superstitions générales* si variées qui infestent particulièrement les campagnes, mais souvent aussi les esprits cultivés des villes.

Nous allons ébaucher : 1° *Leur histoire;* — 2° *Leur classification;* — 3° *Leurs dangers;* — 4° *Leurs préservatifs.*

II

1º **Leur histoire.** — Les superstitions remontent aux premiers jours du monde et doivent, en partie, naissance, comme nous l'avons dit, aux phénomènes psychiques inexpliqués, troublants, effrayants, qu'on attribue à l'action des esprits bons et mauvais, ou à l'intervention d'innombrables divinités secondaires [1].

Séparés des dieux planétaires par une distance infinie, les païens remplissaient l'intervalle par une multitude d'émanations, de demi-dieux, d'Eons, qui présidaient à tout. C'était un foisonnement de dieux subalternes peuplant l'air, la terre et les eaux, conformément à la conception animiste du monde qu'avait l'antiquité, et il était essentiel de conjurer leur courroux ou de gagner leur faveur. De là, tout cet amas de cérémonies, d'exorcismes, de cultes et de sacrifices. On vivait dans un tremblement continuel; on vivait dans le miracle.

Aussi, lorsque, au III° siècle, pour capter les païens, le Catholicisme s'accommode à leurs gros-

---

[1] *Histoire du Merveilleux*, par Louis Figuier. — *La Sorcière*, par Michelet. — *Sciences occultes*, par Eug. Salverte.

siers préjugés, il ouvre la porte à mille superstitions qui, peu à peu, s'acclimatent dans les foules ignares, s'infiltrent au fond des âmes et se perpétuent jusqu'à nos jours, sous des formes à peine adoucies, au point qu'on peut dire que l'ancienne mythologie revit dans le Catholicisme actuel.

Remarquons, en outre, l'innéité du sentiment religieux et, par conséquent, son universalité. Quelques exceptions ne prouvent pas plus contre ce fait que la présence de quelques sourds et de quelques aveugles dans l'humanité ne prouve que l'humanité n'entend ni ne voit. Le sentiment religieux, reliant l'homme à la puissance souveraine, la lui montre partout, dans les phénomènes qui souvent le déconcertent et le terrifient. Impuissant à remonter aux lois dont ils sont le produit naturel, il leur assigne une cause surnaturelle ; il se meut dans un monde surnaturel ; tout, à ses yeux, est surnaturel ; pour lui, le monde est tout imprégné, tout saturé de surnaturel. Tout ce qui le surprend et qu'il ne peut s'expliquer, il l'attribue au merveilleux, au miracle. C'est qu'il ignore les ressorts secrets des choses, les combinaisons chimiques, l'action régulière des forces physiques et mécaniques qui constituent la vie, le mouvement, les propriétés des êtres et des mondes. La superstition est la perversion du sentiment religieux qui, en s'appliquant à une myriade de puissances occultes, se perd en chemin, au lieu de s'adresser uniquement et directement à Dieu. Instinctivement religieux, l'homme avilit ce pur sentiment natif dans un goût dépravé de merveilleux, demandant à tout, aux êtres et aux choses, des explications qui n'expliquent pas. Il en résulte d'innombrables superstitions qui, pour dériver originairement du sentiment religieux, n'en sont pas moins irréligieuses et funestes.

Les peuples primitifs, les esprits rudimentaires en sont tous là. De même qu'un enfant accepte et croit tout, parce qu'il vit dans un monde imaginaire et que son jugement n'est pas encore formé, de même, les païens, les nègres, qui ne sont que de grands enfants, — de même les paysans, les gens incultes à peine équarris et qui ne pensent pas, — prennent pour des vérités certaines les affirmations charlatanesques, et pour des faits incontestables, les plus bizarres fantaisies ; ainsi, les voyageurs du Désert prennent les mirages pour des réalités. Pour l'enfant, quatre tabourets alignés sont des chevaux de diligence et quelques bâtons, plantés dans le sable, des soldats en bataille.

L'homme inculte se laisse piper par les apparences ; les créations imaginatives de son esprit sont vivantes pour lui ; il les voit sous ses yeux comme on voit, le matin, le rêve de la nuit : les tremblements de terre, c'est la danse des démons ; les volcans sont les forges de Vulcain ; le tonnerre, la colère de Jupiter ; l'éclair, le regard de ses yeux ; les genêts, les fougères qui, au crépuscule, balancent leur tête, sous le vent du soir, ce sont les farfadets, les esprits bons ou mauvais qui s'agitent ; le ruisseau qui murmure, le bruit sec de la feuille qui tombe, la bise qui hurle, ce sont les âmes qui pleurent ou les Dieux qui menacent ; les feux-follets des cimetières, ce sont les revenants ; le vacarme des rats dans un galetas, c'est le Drac qui n'est pas content ; les chiens qui errent dans les brouillards de la nuit, ce sont les loups-garous qui cherchent leur proie, ou les fées qui dansent leurs rondes infernales.

Ainsi naissent les superstitions, peu à peu, par le fait des circonstances, fruits de l'imagination, de l'ignorance. On est aveuglément plongé dans le merveilleux, le surnaturel ; on personnifie les bruits, les ombres, les rêves, tout ce qui étonne et dont on ignore la cause cachée. On vit dans un milieu de fantasmagorie ; on voit ce qui n'existe pas et l'on entend des voix qui ne parlent pas.

Bizarreries, croyances saugrenues, qui se sont transmises de génération en génération, de peuple à peuple, du Paganisme au Catholicisme, du Catholicisme des premiers âges à celui de nos jours, par contagion, aux masses populaires grossissant de siècle en siècle, comme la boule de neige roulant dans les ravins.

N'oublions pas, toutefois, qu'en outre de l'inoculation de la superstition d'un peuple à l'autre, il y a toujours au fond de l'âme humaine l'instinct du merveilleux, — cause première de la superstition et qui l'enfante spontanément, alors même qu'il n'y aurait pas transmission. Il n'y a pas, en effet, dans le bloc énorme des superstitions, que les superstitions reçues de l'antiquité ; il y a aussi le stock des superstitions nées dans le cours des âges et constamment élaborées par les foules, au mépris de la science, de l'expérience et du sens commun.

Remontant aux premiers jours du monde, les superstitions sont d'autant plus grossières que les hommes sont plus ignorants. Impuissants à déchiffrer le livre de la nature, à lever un coin du voile épais qui recouvre les causes des phénomènes, ils inventent les plus burlesques explications. Attribuer à Tubal-Caïn, petit-fils d'Adam, les premiers essais des connaissances occultes, c'est dire la haute antiquité de la superstition. On sait, du reste, qu'aux temps reculés de Moïse le roi Pharaon s'entourait de magiciens qui jonglaient habilement pour faire croire à leur pouvoir surnaturel. Plus tard, au temps du roi Saül, on voit les sorciers, les esprits de Python, les Pythonisses, les Magiciens pulluler et exploiter indignement le peuple. On voit Saül lui-même consulter la Pythonisse d'Endor, celle-ci évoquer l'ombre de Samuel et Samuel lui jeter à la face la prédiction de sa mort.

La Rhabdomancie, l'art de deviner par une baguette de coudrier, de noisetier, d'aulne, de chêne, de pommier, fit de bonne heure son apparition. Les Démonographes en trouvent l'origine dans ces mots de l'Ecriture sainte : « Mon peuple a interrogé le bois et le bois lui a répondu » (1). De bonne heure, l'usage de la baguette divinatoire est répandu chez les Brahmanes, chez les prêtres de la Perse, en Chaldée, dans le Boudhisme.

Faut-il rappeler toutes les ingénieuses fictions de la Mythologie grecque, romaine, égyptienne, où le

---

(1) Osée IV, 12.

surnaturel se mêlait tellement à tout que la vie réelle en était comme absorbée. On connait les oracles fameux, réputés dans le monde entier : Jupiter à Dodone, Apollon à Delphes, les Sibylles à Cunes, les Augures, le Sacré Collège des devins à Rome et la grande Diane d'Ephèse (¹).

Le Christianisme, apparaissant dans un milieu tout imprégné d'éléments païens et en pleine fermentation religieuse, vit surgir de tout côté dans son sein des sorciers, des goètes, des exorcistes, des astrologues, des nécromanciens qui, impudemment, firent monnaie de la crédulité publique.

Il nous en vient un écho par le livre des *Actes des Apôtres*, VIII, 9-26, lorsque Simon — qui exerçait la magie et qui était suivi de tout le peuple l'acclamant comme « la grande puissance de Dieu » (v. 10) — voulut acheter des apôtres, avec de l'argent, les dons du Saint-Esprit, pour ajouter encore à son pouvoir. Quelle foudroyante réponse que celle des apôtres : « Que ton argent périsse avec toi, puisque tu as cru » que le don de Dieu s'acquérait à prix d'argent. Tu » n'as ni part, ni droit à une telle faveur; car ton » cœur n'est pas pur devant Dieu » (v. 20, 21).

On connait également l'épisode qui se passa dans la ville de Philippes, en Macédoine, à l'occasion d'une servante animée de « l'esprit de Python » et qui valut à saint Paul et à son compagnon Silas d'être battus de verges et emprisonnés (Act. XVI, 16).

(¹) Ephèse était un centre de ces divinations, de ces superstitions éhontées que saint Paul attaque si courageusement. On sait qu'Alexandre, renommé magicien de Pont, se cachait de lui pour exercer ses enchantements.

La Samarie et la Palestine n'étaient pas les seuls théâtres des exploits des artistes en magie ; le métier était trop lucratif pour qu'il ne se généralisât point. Dans la Babylonie, au début de l'ère chrétienne, on se livrait à une vraie débauche de sortilèges et de divinations ; on devinait surtout par la térataulogie ; les naissances monstrueuses y étaient considérées comme une révélation de terribles malheurs : par exemple, un veau à six pattes et à deux têtes passait pour un pronostic de graves événements, — chaque tête symbolisant un empereur.

Il n'est pas jusqu'aux visions incohérentes de l'Apocalypse qui ne soient un reflet de ces orgies d'imagination, de ces déraillements de la raison. Tout alors était un sujet de terreur, de grossières supercheries, de trafic sans frein. Les charlatans remplissaient les villes et les campagnes, riant et s'engraissant de l'imbécilité populaire. Il n'est rien dont ils ne tirent habilement profit : éclipse, comètes, aurores boréales, volcans, tremblement de terre, cyclones, famines, pluies de sang, de soufre, de boue, de crapauds, de vers, jetaient partout l'épouvante, et les sorciers, par leurs singulières explications, leurs secrets, leurs préservatifs, trouvaient des mines d'or dans ces phénomènes que la science actuelle explique si naturellement et si facilement.

⁎

Ce n'est pas tout : A ces mythologies anciennes se surajoutèrent les contes des Arabes d'Espagne, les contes des *Mille et une Nuits,* les naïves traditions scandinaves, franques et germaines.

Au moyen âge, du VIIIᵉ au XIVᵉ siècle, ce fut un nouveau pullulement de mythes, de fées, de loups-garous, de farfadets, de bons et de mauvais génies, de sorciers pour tous les goûts, tous les besoins, et de... bûchers assortis, pour tous les cas.

C'est du XIVᵉ au XVIᵉ siècle que la sorcellerie, avec toutes ses dépendances et tous ses supplices, parvint à son apogée. Alors, sous un prétexte quelconque, le clergé catholique envoyait à la mort des milliers de victimes soi-disant coupables de magie, de pactes avec le diable, d'hérésie. Quelques faits entre autres émergent, retentissants, de cette longue et tragique époque : Le procès et le bûcher de Jeanne d'Arc, brûlée comme sorcière par le clergé catholique qui maintenant, un peu tard, l'innocente du crime d'hérésie et la canonise. — Le procès d'Urbain Grandier, curé de Loudun, brûlé vif comme magicien, le 2 juin 1630, — et la grosse affaire des convulsionnaires du cimetière de St-Médard, sur la tombe du diacre François Pâris. Plus tard encore, le célèbre Brioché, inventeur des marionnettes, qui faillit, pour cette invention satanique, être regardé comme un allié du diable et expier sur le bûcher ce crime affreux.

Vint, enfin, *l'illuminisme* qui évoquait les morts et communiquait avec eux. Tout ce qui, en un mot, dépassait le niveau banal de la vie commune et que l'ignorance obtuse du temps ne pouvait expliquer, était attribué à la magie. Aussi, les devins, doués des pouvoirs de Dieu, passaient-ils pour ses organes et étaient-ils vénérés, redoutés, consultés pour tout et grassement payés.

Voilà comment les superstitions qui ont abêti tant de cerveaux, enrichi tant de fripons, allumé tant de bûchers, charrié de siècle en siècle tant d'ineptes rapsodies, s'accroissent encore même chaque année de toutes celles que chaque peuple imagine, au point qu'il s'en constitue un formidable amas ; la seule nomenclature remplirait un volume et suffit à démontrer que la sottise humaine est sans limites (¹).

*
* *

De nos jours, bien que, devant le progrès des lumières, quantité de superstitions se soient enfuies comme la nuit à l'apparition du soleil, il en reste, hélas! encore assez pour encombrer et encrasser les esprits les plus réfléchis, même les plus chrétiens, au point qu'on en est à rougir que l'âme païenne d'un Sénèque, d'un Marc-Aurèle, d'un Socrate, plane au-dessus des billevesées stupéfiantes de certains de nos hommes d'État, de nos penseurs d'élite. Que de gens qui, à l'heure même, ne croient à rien, mais croient aux plus ineptes superstitions ! Imaginerait-on que l'empereur Charlemagne prenait une aurore boréale pour une bande de magiciens qui, sur les

---

(¹) En outre du *Traité sur la Superstition*, de Plutarque, on possède sur le même sujet des écrits de l'abbé Thiers, du P. Lebrun, Pluquet, Gilbert, Jollivet-Castelot, etc.

nuages, venaient ensorceler la France ? Imaginerait-on que Catherine de Médicis, reine de France et instigatrice des horribles massacres de la St-Barthélemy, se couvrait d'amulettes préservatrices ? que le grand Napoléon consultait Mlle Lenormand, somnambule, qui lui montrait l'avenir, à travers... des œufs frais ? que Frédéric le Grand, roi de Prusse, ami et correspondant de Voltaire, était terrifié par la vue d'une fourchette et d'un couteau se croisant à table ? que le marquis d'Argens tremblait devant le chiffre 13 et que le maréchal de Montrevert, le vaincu des Camisards, mourut de la peur d'une salière renversée ?

Croirait-on que, dans nos plus grands centres, à Paris surtout, les cabinets des somnambules foisonnent, achalandés d'une foule bigarrée d'ignares et de lettrés ? que Mme de Thèbes, la grande devineresse en vogue, y est consultée par un Syveton, député, chef nationaliste, agrégé de l'Université ? Et cependant, pour un cas qui réussit accidentellement et dont on fait tapage, combien qui ratent et dont on ne dit rien ! Que de gens, parmi les plus cultivés, qui, encore, ne s'asseoient pas à une table de treize couverts ! (souvenir de Judas), ou qui ne voyagent pas un vendredi ! (souvenir de la crucifixion de Jésus-Christ). Les préjugés de la superstition sont si répandus que les édiles de Cassel ont été réduits à ne plus faire figurer le numéro 13 dans le numérotage des rues, parce que les maisons portant ce numéro ne trouvaient pas de locataires ! Désormais, dans la ligne impair, on franchit 13 et l'on passe de 11 à 15. Fi de ce sinistre chiffre ! Tel créancier de 13.000 fr. ne voudra plus en recevoir que 12, pour éviter le mauvais sort! Voici ce qu'on a vu dernièrement dans ce Paris qu'avec notre modestie habituelle nous appelons, nous Français, *la Ville-Lumière* : il est un grand arrondissement où se célèbrent en moyenne 40 mariages chaque samedi,—le lendemain, dimanche, étant un jour de campagne pour les ouvriers. Or, le samedi, 13 août 1904, était à la fois suivi et du dimanche et du lundi, fête de l'Assomption, jour férié ; il aurait dû y avoir de 50 à 60 mariages... Combien y en eut-il ? Un seul, et encore, à cause de la mariée... il y avait urgence ! (1) Tant il est vrai qu'on est convaincu que le chiffre 13 porte malheur.

* * *

Donc, durant des siècles et jusqu'à nos jours, règne la sorcellerie, — autrefois, avec de honteux abus et de cruels sévices : on ne voyait que victimes et bourreaux, tortures, potences et bûchers. Un signe, un mot, un simple soupçon, une dénonciation haineuse, un rien, suffisait pour livrer l'innocent à la barbarie d'une Eglise pour qui la sorcellerie était le pire des crimes.

Ce n'est qu'en 1672 que les tribunaux français cessent d'accueillir les accusations de sorcellerie. Mais les mœurs sont plus fortes que les lois et, en dépit des lois, les mêmes préjugés vivaces se maintiennent. A voir comment, malgré tout, ils se perpé-

---

(1) *Temps* du 20 août 1904.

tuent et prospèrent dans toutes les couches de la société, on se demande avec tristesse si la superstition n'est pas indéracinable du cœur humain.

Il n'est pas possible de procéder à une complète énumération des prodigieuses niaiseries qui déshonorent l'humanité. Force nous est de nous borner aux plus communes. Et, pour mieux nous reconnaître dans ce fouillis, classons-les sous quelques titres généraux qui permettront de mieux les embrasser dans leur ensemble.

III

Leur Tableau

La Magie :

Naturelle, par moyens naturels ;
Blanche, par l'évocation des bons anges ;
Noire, par un pacte avec les démons.

La Divination :

Rabdomancie, par la baguette de coudrier ;
Oneirocritie, par les songes ;
Chiromancie, par les lignes de la main ;

Cartomancie, par les cartes;

Amergomancie, par les figures du marc de café;

Vol et entrailles des oiseaux, poulets sacrés de Rome.

Nécromancie. — L'art d'évoquer et d'interroger les morts.

Le Spiritisme. — L'art de communiquer avec les morts, par médium (nécromancie moderne).

La Sorcellerie. — L'art de guérir ou de causer toute sorte de maux.

La Physiognomonie. — L'art de prophétiser la destinée sur les traits du visage, front, nez, menton, etc.

La Phrénologie. — L'art de connaître le présent et l'avenir sur la conformation de la tête, ses creux ou ses protubérances.

L'Astrologie. — L'art d'annoncer ce qui doit advenir, d'après le nombre, l'éclat, la position des astres.

L'Hallucination de la vue, de l'ouïe, du contact.

L'Illuminisme. — L'art de connaitre toute chose par les pressentiments, les extases, les fantasmagories prises pour des réalités ([1]).

Que de sources d'erreurs, de préjugés, de superstitions ! Et en ajoutant à cela le penchant naturel au

---

([1]) *Curiosités des sciences occultes.* — *Le grand Grimoire.* — *La Clavicule de Salomon.* — *Tableau des sciences occultes,* par Denis. — *Manuel du Magicien.* — *La Poule noire.* — *Curiosités infernales* du Bibliophile Jacob.

Le Bréviaire du Devin et du Sorcier, contenant la Baguette divinatoire, — Le Dragon rouge, — Les merveilleux secrets du Petit Albert, — L'Enchiridon du Pape Léon III; voir Biblioth. de la ville d'Alby, Fond Caraven-Cachin.

miracle, plus l'ignorance de l'essence des lois de Dieu, on arrive à comprendre que, même en plein vingtième siècle, il puisse encore exister dans l'âme humaine une telle obstruction d'insanités.

* * *

Classons maintenant les superstitions par catégories distinctes, selon leurs effets, pour mieux saisir leurs caractères généraux.

Catégorie des **Préservatifs** et des **Garanties** :

1. — *L'Aérolithe* (peïro dal trouneïré), pierre noire, débris des mondes en ruine, préserve les étables de certaines maladies, entre autres de la petite vérole.

2. — *Un tison éteint*, retiré des feux de la St-Jean et placé au galetas, préserve de la foudre.

3. — *Une étoffe noire* couvrant une ruche à miel, après un deuil, empêche les abeilles de s'enfuir.

4. — *Le mauvais œil*, qui permet de foudroyer les volailles, est conjuré par la fermière, si elle les couvre de son jupon de nouvelle mariée (lou coutillou noubial) et en les saupoudrant de la poussière ramassée dans sa cuisine.

5. — *Contre les accidents des voyages*, porter le Psaume XVI sous l'aisselle gauche.

6. — *Contre les chiens enragés*, placer sur le foie un parchemin avec ces mots : Hax, pax, max.

7. — *Contre les puces*, graver sur l'airain avec la pointe d'un diamant : Och ! och ! och !

8. — *Contre un revenant,* lui dire : Si tu viens au nom de Dieu, parle ! Si tu viens au nom du diable, rentre en enfer.

9. — *Contre la foudre,* jeter sur son lit de la cendre d'une bûche de Noël qui a brûlé trois jours.

10. — *Pour retrouver les objets perdus,* prononcer le mot Agla en se tournant vers l'Orient. Concurrence supérieure à Antoine de Padoue, en ce qu'elle est prompte et gratuite.

11. — *Attendre, pour sortir le matin,* que le coq ait chanté ; cela met en fuite les esprits malins.

12. — *Pour tuer son ennemi,* réciter pendant un an, matin et soir, le Psaume 109 ; mais y manquer une fois, c'est mourir soi-même. Superbe leçon d'amour fraternel !

13. — *Tuer une hirondelle,* c'est occasionner la pluie pendant quatre semaines.

14. — *Pour ne jamais perdre un couteau,* donner à un chien le premier morceau qu'il coupera.

15. — *Pour se préserver de grands malheurs,* placer quelque chose dans la poche d'un habit neuf qu'on met pour la première fois.

16. — *Pour s'assurer contre les maladies,* porter sur soi des mots cabalistiques ; le plus célèbre est *abracadabra,* que l'on écrit sur un papier qu'on porte au cou onze jours durant.

17. — *Pour se garantir contre accidents et maladies,* mettre dans sa poche du poil du bout de la queue d'un loup et des feuilles de noyer cueillies la veille de la St-Jean.

18. — *Pour être à l'abri de l'incendie,* avoir dans la maison coqs, chiens et chats de couleur *noire.*

19. — Pour se préserver des malheurs annoncés par les cris du hibou, jeter aussitôt *du sel* sur le feu.

20. — *Le fenouil,* sûr préservatif contre la malice des sorciers.

21. — Porter sur soi *le cœur d'une taupe,* garantit contre les voleurs.

22. — Pour se garantir d'une mauvaise rencontre, mettre la langue d'une couleuvre dans le fourreau de son épée.

23. — Contre les maléfices, dire : Aphonidas, Condiza, Cerchani, avec un signe de croix à chaque mot.

24. — Pour se garantir de la peur, porter sur soi une épingle qui a servi à attacher le linceul d'un mort.

25. — Pour se garantir des armes à feu, dire trois fois : Qu'il s'arrête, je vois la bouche du canon ; Dieu garde l'entrée et la sortie.

La seconde catégorie de superstitions comprend les **Guérisons :**

1. — *Pour guérir les verrues,* enfouir une pomme au pied d'un noyer, ou jeter dans un puits autant de pois qu'on a de verrues ; à mesure qu'ils pourriront, les verrues fondront.

2. — *Pour guérir les fièvres,* envelopper dans un papier des rognures d'ongle et de menus morceaux de plomb, le jeter dans une rue fréquentée ; le premier qui le prendra prendra les fièvres et on en sera soi-même débarrassé. Admirable solidarité chrétienne !

3. — *Les scrofules* se guérissent en attachant à son cou une tête de chèvre.

4. — *Les dartres se guérissent* au contact d'une feuille de houx, ou bien en mettant du bois vert dans la cheminée ; à mesure qu'il sèche, la dartre sèche.

5. — *On guérit toux et névralgie* par une triple récitation de l'oraison dominicale avant le lever du soleil : assimiler la prière à une drogue de pharmacie !

6. — *Pour se guérir* de la fièvre, de la migraine, des maux de dents, de la toux, des rats, etc., il est trois talismans : *astronomique,* portant des noms d'anges, des signes célestes ; *magique,* portant des mots inintelligibles et des figures grotesques ; *mixte,* portant à la fois des figures et des mots clairs.

7. — *Sûr moyen de se délivrer de la fièvre* : porter sur soi le mot ananizapta.

8. — Dans le pays basque, le contact suffit au sorcier *pour guérir loupes et plaies,* avec trois récitations de l'oraison dominicale.

9. — Il est certaines fontaines, certaines pierres qui guérissent des *maladies incurables,* qui conjurent les maléfices et les démons.

Troisième classe de superstitions : Les **Secrets** :

1. — *Pour créer ou faire renaître* une affection perdue, brûler une chauve-souris et en jeter la cendre sur la personne aimée.

2. — *Pour communiquer de la loquacité à un taciturne,* lui faire présent du cœur et de la langue d'une pie.

3. — *Pour une heureuse chasse,* faire toucher par le sorcier le fusil, le plomb, la gibecière et dire : Sista, pista, rista.

4. — *En cas de vol,* le sorcier montre la figure du

voleur dans un seau d'eau, au clair de la lune, à minuit, en un endroit sans herbe, parce que les démons y ont dansé.

5. — *Deux pailles en croix* arrêtent une hémorragie.

6. — *Placer une pierre* sur les arbres fruitiers, le soir de Noël, pour qu'ils portent beaucoup de fruits.

7. — *Pour ravir le sommeil* à quelqu'un, mettre dans son lit un nid d'hirondelle : amour fraternel !

8. — *Pour provoquer la pluie*, tremper un balai dans l'eau.

9. — *Pour gagner au jeu*, cracher à terre et faire le tour de sa chaise avant de regarder son jeu, ou bien porter sur soi les mots : *Abaluy, abafroy, agera*.

10. — *Pour empêcher le vol de son argent*, le laver et l'enfouir avec du pain et du sel ; introuvable pour les voleurs.

11. — Quand *un grain de poussière* est entré dans l'œil, on le fait sortir en crachant trois fois sur son bras droit.

12. — Si l'on a *des pigeons*, n'en point parler à table, sans quoi ils s'envoleront sans retour, loin du pigeonnier.

13. — *S'il pleut le jour du mariage*, c'est signe que la mariée pleurera souvent.

14. — *Préparer les nids des poules* le jour de St-Pierre pour les faire pondre en quantité.

15. — *Divination des choses* par les directions et mouvement de la flamme, de la fumée, de l'eau.

16. — *Pour découvrir* les sources, les voleurs ou des objets perdus, prendre, au lever du soleil, une gaule de noisetier d'un an, la couper en trois coups,

en disant : « Je te ramasse au nom d'Eloïm, Mu-
» thrattau, Adonaï, Sémiphoras, afin que tu aies la
» vertu de la verge de Moïse et de Jacob pour décou-
» vrir tout ce que je voudrai savoir. »

17. — Voulez-vous arrêter sur une route tout véhicule qui passera ? Rien de plus simple : quand vous verrez tomber une étoile filante, ramassez vite la terre de la plus proche taupinière et répandez-la sur le chemin ; nulle bête ne voudra passer outre.

18. — Pour faire perdre la voix d'un chien, lui faire manger le cœur, la langue et les yeux d'une belette.

19. — Pour assembler des lièvres, mêler du jus de jusquiame au sang d'un jeune lièvre, placer le mélange dans la peau d'un lièvre qu'on enfouit ; cela fait accourir les lièvres.

20. — Pour découvrir un voleur, mettre les noms soupçonnés dans un seau d'eau, en disant : « Aragoni, Parandamo, Eptalicon, » avec un signe de croix à chacun ; le nom du coupable viendra sur l'eau ; s'il en vient plusieurs après le premier, ce seront des complices.

Quatrième catégorie : Les Sorts :

1. — Le sorcier, après avoir conclu un pacte avec le démon, jette, sur qui bon lui semble, des sorts propices ou mauvais.

2. — Il peut, par exemple, arrêter instantanément une meute courant après un lièvre ou des chevaux lancés à fond de train.

3. — Le sorcier tarit à volonté le lait des vaches, des brebis et même des nourrices ; mais le moyen de

ramener le lait dans les seins desséchés est, à minuit, de couper et d'emporter tous les choux du jardin du sorcier.

4. — Le sorcier peut, à volonté, provoquer des maladies et des accidents, comme aussi les faire disparaître ; il lui suffit de quelques signes cabalistiques et de quelques paroles mystérieuses.

5. — Le sorcier peut semer comme une semence d'épidémies sur une troupe d'animaux, sur tout un pays qui en est ravagé.

6. — Il a même le pouvoir d'ensorceler les maisons, maisons hantées livrées dès lors au chaos : bruits de chaines, hurlements, danse des chaudrons, bûches et chaises lancées en l'air ou le long des escaliers.

7. — Le sorcier a la domination sur les loups-garous, les dracks, les revenants, les farfadets, les démons.

8. — Il apprivoise les abeilles (les abeilles sans dard), les place sur ses mains, sur son visage, sans être piqué, grâce à son pouvoir surnaturel.

9. — Il évoque et chasse les fantômes, les feux-follets qui ne sont, comme on sait, qu'un dégagement d'hydrogène sulfuré, résultat de la décomposition des matières animales, qui s'enflamment au contact de l'air atmosphérique, surtout dans les cimetières et, particulièrement, dans les cimetières situés près des cours d'eau.

10. — Pour apaiser une querelle, écrire Miroch sur une pomme et la jeter au milieu des combattants; aussitôt, le tumulte s'apaise.

11. — Pour arrêter une voiture, mettre sur la route

un bâton sur lequel on a écrit : « Jérusalem, Deus omnipotens, halte-là. »

Cinquième catégorie : Les **Présages** :

1. — *Bris de glace*, salière renversée, treize à table, voyages le vendredi : présages de grands malheurs.

2. — *Redonner à téter* à un enfant sevré, c'est en faire un jour un blasphémateur.

3. — *Si un chien passe* entre les jambes d'une femme, c'est signe qu'elle battra son mari.

4. — *Le cri aigu d'une orfraie* volant sur notre tête est une menace de mort.

5. — En Bretagne, au Falgoët, on sait, à la façon dont les épingles plongent dans l'eau, *si l'on se mariera* dans l'année.

6. — A la façon dont la chemise d'un enfant malade s'enfonce dans l'eau, *les pans les premiers*, on sait que l'enfant guérira.

7. — Vol et cris des oiseaux.

*

Ce n'est là qu'une très faible partie des superstitions populaires qui ont cours dans notre Midi, en Auvergne, en Bretagne, et partout. On en rougit, on n'ose les avouer ; mais on ne les accepte pas moins au fond et l'on peut hautement affirmer que le règne des sorciers, pas plus que celui des *rhabilleurs*, ne touche encore à sa fin.

A la vue de tant de sottise, on éprouve une

double impression d'étonnement et de pitié. Les Malgaches, les Nègres du Congo, ne sont pas plus obtus que nous ne le sommes nous-mêmes en pleine civilisation.

Se peut-il qu'avec ses éminentes facultés de penser, de raisonner, de comparer, de juger, l'homme, comme un enfant, un aveugle, un sauvage, soit si naïf, si crédule, si friand de sornettes qui insultent à la conscience et au sens commun ? C'est à vraiment se demander ce qui l'emporte : de l'imbécilité des dupes ou du cynisme des dupeurs. Pour nous, plaignons les sots et flétrissons leurs exploiteurs.

IV

Les Dangers

Devant un tel état de choses, les uns demeurent stupéfaits ; il en est qui s'indignent ; d'autres en rient ; quelques-uns, enfin, s'écrient dans leur philosophie frivole : « Laissez donc ces pauvres gens sous le
» charme de leurs illusions. Qu'ils prennent leur
» plaisir où ils le trouvent ; c'est le fait des grands
» enfants ; si les superstitions ne leur font pas de
» bien, leur font-elles du mal ? »

Oui, certes et beaucoup. De telles aberrations dégradantes et nocives, appellent une énergique protestation, créent au chrétien une sérieuse responsabilité, lui interdisent d'en prendre platoniquement son parti et lui imposent le devoir de réagir, d'éclairer, de combattre sans relâche, et d'arracher les simples au joug honteux d'une ignorance qui peut leur attirer de grands maux.

Car, les dangers des superstitions sont sérieux et nombreux : dangers pour la vie intellectuelle, pour la vie morale, pour la vie matérielle et sociale ; dangers pour la paix de l'âme, la paix du foyer, les progrès de la civilisation et même la sécurité publique.

Tout d'abord, ces insanités acceptées sans aucun esprit critique, rétrécissent et faussent l'esprit ; les facultés, échappant aux lois ordinaires du sens commun, ne fonctionnent plus qu'arbitrairement, privées qu'elles sont de fil conducteur, de tout point de repère, — comme un aveugle qui marche à tâtons. La superstition est la nuit de l'intelligence ; c'est la mort de l'individu qui abdique son moi, ses facultés, sa dignité, entre les mains d'un roué de bas étage. Il devient sa chose ; il tremble devant l'inconnu, les caprices du hasard, les êtres imaginaires, les terribles *sorts*. Plus de tranquillité ; le sorcier a pris sa paix ; il est devenu le Dieu qui assombrit ou rassérène son foyer.

Quelle sujétion ! quel abêtissement ! quel amoindrissement ! L'âme est ainsi abandonnée à toutes les sarabandes d'une imagination désordonnée et l'on recule à l'âge où les premiers hommes, les hommes de la nature, étaient bouleversés par le craquement d'un meuble, le grand disque rouge de la lune, ou le cri d'un hibou qui, la nuit, cherche sa proie.

.*.

Danger de l'*avilissement* de la personne humaine ; en second lieu, danger contre *la sécurité publique.* On ne saurait croire le nombre de malheurs qu'elle occasionne.

Quand, par exemple, les rebouteux affirment audacieusement que, par leurs secrets ou leurs attouchements, ils guérissent blessures et maladies, on le croit dévotement et on laisse avec confiance le temps s'écouler, pendant lequel le mal s'aggrave et devient incurable. Ce n'est qu'alors, trop tard, qu'on a l'idée du docteur, quand il ne peut plus rien, tandis qu'au début la science aurait pu conjurer le mal. La foi au sorcier a tué le malade et jeté dans le deuil une famille trompée. Ce cas est très fréquent.

Ce fut, notamment, celui du jeune Gardés, de Florac, mordu par une vipère, le 8 septembre 1901. Le sorcier, après mille contorsions, signes de croix, mots cabalistiques, litanies, s'en retourne chargé de présents et d'argent, affirmant que, désormais, le venin de la vipère est conjuré. Hélas ! à bref délai, l'enfant succombe à l'intoxication du sang ; le médecin ne peut, à la dernière heure, que constater les ravages d'un virus qu'au premier jour il eut pu combattre avec succès. En inspirant, donc, une fausse sécurité à ces malheureux parents, le sorcier causa la mort de leur enfant.

Si l'on pouvait compter, dans les campagnes, le nombre de malades que les sorciers laissent ainsi mourir avec leurs simagrées et leurs mensonges, on serait effrayé. Car, le paysan croit au sorcier bien plus qu'au médecin et on ne recourt à celui-ci que quand le mal a pris le dessus et qu'il n'existe plus de chance de guérison.

.*.

Danger très certain ; qui dit sorcier, dit meurtrier. Ce fait, déjà très grave par lui-même, s'aggrave encore des gros sacrifices qui s'ensuivent.

Jadis, la foi universelle en leur savoir et en leur pouvoir faisait tomber une pluie d'or dans leur gousset. On ne jurait que par eux et les rois eux-mêmes, qui avaient à leur Cour des bouffons pour les distraire, avaient aussi des sorciers, des astrologues, pour diriger leur conduite et pronostiquer l'avenir. Les astrologues, doués d'un grand flair, les fascinaient et se hissaient parfois jusqu'aux premiers rangs de l'Etat. Si leurs prophéties étaient démenties par l'événement, ils s'en tiraient par quelque tour ingénieux, comme les vieux augures de Rome, et continuaient à jeter de la poudre aux yeux.

L'un des plus renommés astrologues du xviiie siècle, le comte de Boulainvilliers, en est un frappant exemple. Voltaire disait de lui, en 1757 : « Il m'a
» annoncé que je mourrai à 32 ans et voilà trente ans
» que je le fais mentir ; il ne me le pardonnera ja-
» mais. »

Le célèbre astrologue Galeotti que Louis XI avait, à chers deniers, appelé de Hongrie à la Cour de France, ne le fourvoya pas moins que son confrère. Ayant conseillé à Louis XI une visite à son ennemi Charles le Téméraire, celui-ci le fait peu chevaleresquement arrêter et enfermer dans la citadelle de Péronne. Furieux contre son astrologue, Louis XI le manda dans sa prison et ordonna au bourreau Tristan l'Hermite, de le pendre à l'instant, au sortir de la prison. L'astrologue se croit à sa dernière heure. Mais, lorsque, après avoir exhalé sa colère, le roi lui demanda si « sa science lui permet de savoir l'heure de sa mort », — « Oui, Sire, lui répond-il hardiment, » vous mourrez vingt-quatre heures après moi. » L'astrologue fut aussitôt congédié, avec ordre de ne lui faire aucun mal. Le comédien avait été sauvé par son esprit.

.•.

De nos jours, c'est à qui tirera le plus fort sur le bas de laine du pauvre paysan. Ce bas de laine, si péniblement gonflé sou par sou, se vide avec une merveilleuse facilité dans la main du sorcier, rebouteur, guérisseur, jetteur de sorts. On lui sert, d'abord, un copieux repas ; puis, on emplit son panier de victuailles ; finalement, on lui remet, sur sa demande, dix, vingt, cinquante francs d'honoraires pour sa puissance surnaturelle et ses services nominaux. Grossière escroquerie qui se pratique, au vu et su de tous, dans chaque commune de France, au milieu du peuple le plus spirituel du monde, qui se laisse écorcher comme un mouton de la Plata. Et quand il arrive que la rumeur publique entoure d'un prestige le nom du charlatan, — ce sont alors des foules qui accourent et des notes qui grossissent en proportion.

Contre ce honteux trafic de la bêtise humaine, la loi est-elle donc désarmée? Elle frappe les faussaires, les médecins sans diplôme, les escrocs, les voleurs. Or, n'y a-t-il pas de tout cela dans un sorcier? Et l'État ne doit-il pas protection aux enfants, aux simples, aux faibles, aux crédules, que ces adroits filous séduisent et jugulent, — ruinant leur santé, quand ils ne les mènent pas à la mort avant l'heure?

*
* *

Ce n'est pas tout; il y a pire : une telle exploitation développe les plus détestables passions, le lucre, l'orgueil, la fourberie, la malice chez les dupeurs, — les ressentiments, les violences, les crimes, chez les dupés.

Lorsqu'un soi-disant sorcier, par exemple, a convaincu un naïf qu'il a le pouvoir de tarir le lait des vaches et des nourrices, se représente-t-on sa fureur et sa vengeance, lorsqu'il constate un jour que sa femme a perdu son lait, et que son enfant pâtit, — ou que, dans ses étables, veaux et agneaux meurent, le lait des vaches et des brebis ayant disparu? C'est le sorcier, lui seul, qui l'a fait. Il a semé la ruine, il récoltera le châtiment avec usure; « rien que la mort est capable d'expier ce forfait. » Pour recouvrer son lait, il faut couper le sort en ravageant, à l'heure de minuit, les choux du jardin du sorcier. Le procédé est courant, en pareil cas, au point qu'on fait bonne garde, à minuit, dans les jardins. Et je connais un pauvre dupé qui, surpris dans sa moisson de choux, fut, en sus de la perte de son bétail, mort faute de lait, condamné à cinq francs d'amende en justice de paix : sa niaiserie lui valut « les circonstances atténuantes ! » J'ai connu un cheval pacifique jusqu'au jour où, au dire de son maître, un sorcier lui jeta un mauvais sort... Dès lors, le cheval devint indomptable, démoniaque..... et le propriétaire crut devoir le vendre même à un prix dérisoire : d'où, sourde haine contre le sorcier.

Il est, dans l'Oberland Bernois, une superstition qui donne lieu à bien des crimes : Tout assassin échappe à la justice, s'il a le soin de coucher sa victime sur le ventre avec sa coiffure sous elle. En décembre 1902, deux individus assassinés furent trouvés couchés sur le ventre avec leurs coiffures dessous. Et, malheureusement, il y eut tant de complications dans les faits, tant de dépositions contraires, qu'au milieu des six inculpés le jury ne put discerner les coupables et les acquitta. Cet acquittement renforça le préjugé et, en donnant un nouveau crédit à la superstition, il donna un encouragement au crime.

Un cultivateur de l'Yonne était désolé parce que ses vaches ne lui donnaient pas de lait. Comme il est inintelligent et sournois, il pensa tout de suite qu'on avait jeté un sort à ses bêtes. Puis, il alla consulter la sorcière. C'est dans l'ordre. Il est dans l'ordre également que la sorcière confirma les soupçons de son client. Les sorciers des deux sexes ne sont faits que pour cela. S'ils ne flattaient pas les lubies de ceux qui les consultent, ils ne gagneraient pas leur vie et n'auraient plus rien à faire ici-bas.

Donc, on avait jeté un sort aux vaches du cultivateur de l'Yonne. Mais qui l'avait jeté ? Une sorcière ne connaît jamais de longues hésitations :

— Tuez un cochon, dit-elle au consultant. Votre ennemi est l'homme qui entrera chez vous quand l'animal sera encore chaud.

Le cultivateur retourna dans sa maison et tua un cochon. Ensuite, il attendit. Il n'attendit pas longtemps. Un voisin pousse sa porte par hasard. C'était, à n'en pas douter, le jeteur de sorts. Le cultivateur, sans hésitation, tua son voisin comme il avait tué le cochon. Et voilà. N'est-ce pas que c'est assez bien comme tragédie rustique ?

Il est infiniment probable que les vaines croyances, auxquelles s'attardent encore certains êtres, ont fait, au bout des siècles, *autant de victimes* que les guerres et les épidémies. *L'eau de Lourdes* tue, bon an mal an, plus de malades qu'elle n'en soulage. Les empiriques qui, dans les campagnes et les villes, prétendent guérir au moyen de simples et d'incantation, font du tort aux hospices, mais *gagnent* tous les jours un peu sur la marge des cimetières. Et, il faut bien le remarquer une fois de plus, la superstition est, d'une façon à peu près générale, le *chiendent* des religions. Dans l'esprit de l'assassin de l'Yonne, le jeteur de sorts était certainement dans le pays quelque chose comme le délégué du diable.

On cite un boucher qui, croyant aux *possessions*,

aux *pactes* avec le diable, se plaignait que, presque tous les jours, on lui volait sur son étal quelque morceau de viande. Un matin, il surprend un chat à l'œuvre, étend son bras et, d'un coup de couteau, le *blesse à la patte*. Le lendemain, venant acheter sa viande, une vieille femme entre, la *main blessée...; patte blessée! main blessée!* Voilà la lumière; cette femme est sorcière, elle a pris la forme d'un chat pour le voler; la double blessure de la patte et de la main en est la preuve. Dès lors, tant il dit et tant il fit contre la malheureuse vieille, qu'elle dut quitter le pays.

En janvier 1903, à Plines-les-Montagnes, Adolphe Chuquet, tuberculeux, s'imagine que sa phthisie vient d'un *sort* à lui jeté par Ferdinand Dentrebecq, qui passait pour sorcier. Il s'embusque, l'attend et, quand il le voit, lui décoche un coup de fusil qui le blesse mortellement.

En juillet 1902, dans la commune de Buziet, un valet de ferme, accosté en chemin par une femme réputée sorcière, tombe subitement malade en rentrant chez lui. Chacun de s'écrier qu'il a été ensorcelé. On le couche sur une peau de mouton, on allume autour de lui des cierges bénis; le mal s'accroit. La sorcière, mandée, arrive au lit du malade, proteste de son innocence; mais deux hommes armés de fusils la menacent de les décharger sur elle si elle ne lève le sort qu'elle a jeté. Celle-ci alors, renonçant à ses énergiques protestations, simule une puissance mystérieuse; elle s'approche du lit du malade, fait un signe de croix et crie : « Arrière Satan ! je ne suis pas ton enfant; je suis l'enfant de

Jésus. » Aussitôt, le malade se lève, disant : « Je suis guéri, » montrant, une fois de plus, l'étonnante action de l'esprit sur le corps, que connaissait bien le zouave Jacob quand il opérait sur ses clients par ses véhémentes injonctions, et dont les petits prophètes des Cévennes, innocents de toute fraude, nous ont laissé tant d'irrécusables preuves.

Voici un fait récent qui s'est déroulé aux assises du Tarn, le 29 octobre 1902 : L'excellent cantonnier Bertrand habitait la commune de Beauvais avec sa femme, son fils et sa belle-fille. Leur maison était isolée. Subitement réveillés, la nuit du 3 au 4 juillet, par une voix psalmodiant des litanies, ils ouvrent leur fenêtre et Bertrand aperçoit une ombre dans la cour. Il crie : « Qui est là ? » La voix de répondre : « C'est moi. » Aussitôt, un coup de feu, faisant voler les vitres en éclat, l'atteint au côté gauche et il s'affaisse baigné de sang. Un second coup de feu frappe la muraille, d'où quelques grains de plomb ricochent sur le lit et blessent son fils. Grand affolement de toute la maisonnée. « C'est Lauzeral, s'écrie la femme, j'ai reconnu sa voix. » Une enquête est ordonnée et tout établit que le coupable est Lauzeral. Pourquoi ce crime ? Parce que Bertrand, sorcier, croyait-on, répandait de ci de là des sortilèges, des maléfices et avait jeté un mauvais sort sur Lauzeral qui, depuis, en était fort malade. Un autre sorcier de Castelnau-d'Estretefonds, moyennant 20 francs, lui avait révélé que c'était bien là la vraie cause de son mal. Et il s'était vengé.

Dans le Berry, que G. Sand dépeint si poétiquement dans ses romans, un sieur Pierre Ménot, de

St-Georges-sur-Moulens, se croyait en butte aux sorts jetés sur lui par Anatole Ganet, qui, disait-il, « cognait à sa porte, l'interpelait, lui donnait la » colique et le frappa de paralysie. Il opérait par » frottements, par signes et de plusieurs autres ma- » nières. » En cour d'assises, les témoins confirment, tous, les dires de Ménot, déclarant qu'ils ne croient « *pas trop* » aux sorciers, mais que, pourtant, « il ne faut pas dire non ». Les jurés eux-mêmes pensent aussi qu'il ne faut pas « *trop croire* » aux sorciers, mais que, pourtant, « il ne faut pas dire non ». Et Ménot est acquitté de son crime, à l'unanimité.

L'une des plus curieuses affaires suscitées par cette superstition est celle de X., métayer de M. X., à Montredon (Tarn), dernièrement, et dont je certifie l'authenticité. L'une de ses filles, âgées d'une vingtaine d'années, se mourait de consomption, depuis trois mois. Le sorcier est appelé qui se vante de son pouvoir « d'enlever ou de laisser la maladie ». On le croit sur parole. Largement festoyé, nanti de vivres et de 20 francs d'honoraires, il part, déclarant le sort levé par ses simagrées. Le malheur est que l'état de la jeune fille empire, au lieu de s'améliorer ; grande fureur des parents qui se croient joués. La mère affirme que le seul moyen « de couper le sort » est de rosser le sorcier ; ce qui fut dit fut fait le dimanche suivant, à Labessonnié, par le père, le fils et le gendre, courageusement alliés en triplice, contre un seul. Rentrés chez eux, ils s'applaudissent de leur exploit... leur malade va guérir ! Point, elle continue de se trainer lamentablement... « C'est que, s'écrie encore la mère, vous n'avez pas assez cogné, vous n'avez pas assez coupé le sort. Ah! si j'y avais été...! » Ainsi excités, les trois hommes, à la prochaine foire du village, se jettent sur le sorcier et ne le lâchent qu'à demi-mort, dans la boue et le sang du ruisseau. Cette fois, bien sûr, le sort sera coupé... Le fait est que, soit puissance de la foi, soit détente intérieure, la jeune malade, dès cette heure, entre en convalescence et guérit! « Vous voyez bien, dit la mère, que j'avais raison! »

Encore un trait : Naïa, sorcière de Bretagne, fille d'un *rebouteux*, d'un empirique, fut consultée par un mauvais gars impatient de l'héritage de son oncle qui était un peu souffrant, mais très robuste. Il s'agissait de hâter sa fin. Naïa, la sorcière, organisa une apparition nocturne qui terrifia l'oncle en lui criant : « Tu mourras, le dimanche des Rameaux, à la troisième sonnerie de la grand'messe. » Une horrible peur le saisit : « Je ne veux pas mourir, » dit-il à son docteur. Celui-ci le rassure de son mieux, lui affirmant qu'il a encore de longues années devant lui. Mais, d'heure en heure il s'affaisse, en proie à une hallucination monstrueuse et, les yeux hagards, au premier coup de cloche : « Je ne veux pas mourir, » répète-t-il à son docteur, en lui sautant au cou ; au second tintement, tout tremblant, il lâche son docteur qui, de nouveau, lui assure qu'il vivra des années ; à la troisième sonnerie, pris d'un mouvement convulsif, il était mort, les yeux horriblement dilatés de tout ce qu'il avait vu de hideux. Grand devint alors, dans toute la contrée, le renom de Naïa, quand on connut son infernal pouvoir.

Des faits analogues, on en citerait sans fin, et l'on en ignore bien plus qu'on n'en connaît. Mais c'en est de reste pour établir les déplorables effets de la superstition, effets d'abêtissement, de fourberie, d'orgueil, de cupidité, d'escroquerie, de haines, de vengeances et de crimes.

Chaque année, tribunaux correctionnels et assises retentissent des plaintes des malheureux molestés qui demandent justice, quand ils ne se la font pas eux-mêmes de leurs propres mains.

.*.

Coupable contre *l'humanité*, la superstition ne l'est pas moins contre la *religion* et la *logique*.

Loin d'avoir le moindre rapport avec la raison, la superstition en est la négation; elle est le fait de gens qui « ont des yeux qui ne voient point et des oreilles qui n'entendent point. » En eux, ni goût, ni besoin, ni devoir de réfléchir, de discuter, de rechercher les liens rationnels qui rattachent toujours l'effet à la cause, harmonie établie par Dieu et qu'il ne dément pas arbitrairement.

Hypnotisés par le merveilleux et croyant à la toute-puissance, à l'ubiquité du diable, plus encore qu'aux attributs de Dieu lui-même, rien de déraisonnable, d'impossible, d'immoral, n'étonne les superstitieux et ne les repousse. Ils s'inclinent, avec la candeur d'un petit enfant, devant les récits les plus saugrenus, devant les plus folles rêveries.

En vain, s'évertuerait-on à leur démontrer qu'il

n'existe pas la plus lointaine relation de cause à effet, entre le psaume CXVI, placé sous l'aisselle gauche et les accidents d'un voyage; entre les chiens enragés et un parchemin placé sur le foie avec ces mots : Hax, pax, max; entre les verrues de la main et les pois jetés dans un puits; entre un incendie et des chiens, des chats de couleur noire; entre le bris d'une glace, le renversement d'une salière, le chiffre 13, un déplacement le vendredi, et les malheurs qui risquent de fondre sur les téméraires; entre la loquacité d'une femme et la langue d'une pie; entre la mort d'une hirondelle et une chute de pluie, etc. Tous ces faits sont d'essence si foncièrement différente et opposée, que rien ne permet, même de loin, de conclure de l'un à l'autre, selon le mot des anciens : *post hoc, propter hoc*, après cela, donc à cause de cela. Pas un de ces faits ne sort de l'autre, comme un fruit de l'arbre, comme une conséquence du principe. Entre eux, ni affinité, ni cohésion, ni liaison par aucun point. Tout au contraire, comme s'il s'agissait d'une gageure, on ne voit rien de plus incohérent et de *cacophonique*; c'est comme la loi de l'absurde, la loi de saint Augustin, à une certaine période de sa vie : *Credo quia absurdum*, la loi de l'abêtissement humain.

*
* *

Si l'on se prêtait au moins à contrôler les faits, à vérifier les affirmations, la réalisation des menaces ou des promesses ! si l'on se résolvait à passer au crible de la critique les événements annoncés ou survenus, à constater les mensonges des sortilèges, au fur et à mesure qu'on les rencontre sur ses pas ! Mais point... ici encore et toujours, la même opposition têtue contre tous les moyens d'information. On a beau dire et faire, on n'essuye que cette réponse obstinée : *Cela s'est vu* (bien qu'on ne l'ait jamais vu soi-même), *cent témoins l'attestent ;* lesquels ? Ni raisonnement, ni science, ni expérience, n'y changent rien et l'on persiste, en dépit de tout, à ne voir, à ne croire que par le canal d'autrui, sans contrôler la compétence ou la sincérité des témoignages.

J'entendais, un jour, deux hommes intelligents soutenir opiniâtrement qu'un sorcier a le pouvoir d'arrêter, à volonté et subitement, les chevaux d'une diligence, les chiens courants d'une meute, tous lancés à fond de train ! Ils y croyaient comme à leur propre existence ; aucun argument ne put les ébranler ; ils n'eurent un instant de doute que lorsque je leur proposai un pari de 1.000 « contre 100 », pour faire l'épreuve devant témoins ; — le pari fut prudemment décliné.

Que de fois n'a-t-on pas constaté, quand on est allé au fond d'un événement, soi-disant surnaturel, une cause parfaitement naturelle ! Mais il faut avoir le courage de tout sonder, de marcher droit au but, armé au besoin d'un bon revolver pour se garer contre les mauvais esprits ou leur en imposer. Il y a quelques vingt ans, il ne fut question que de la maison hantée de Lacrouzette ; la nuit, d'effroyables bruits de chaînes, de batterie de cuisine, de bûches roulant l'escalier, de meubles mis sans dessus dessous. La terreur régnait au village ; un interdit pesait sur la maison ; et, chaque nuit, même sabbat. Les savants du lieu parlaient des influences électriques qu'une forêt voisine de pins résineux pouvait exercer...!! Or, tout cessa, le jour où quelques citoyens, armés et résolus, pénétrèrent dans ce Capharnaüm : les mauvais esprits n'aiment ni odeur de poudre, ni pointe d'épée !

Rien ne vaut, en tout et pour tout, comme de regarder choses et gens en face, de déchirer les masques, et de mettre à nu la vérité vraie : on tremble, par exemple, d'entrer en wagon un vendredi, jour de la crucifixion de Jésus-Christ ! Mais, d'abord, quel rapport logique ou moral peut-il bien exister entre la crucifixion et les voyages ? Christ, à cause de sa mort, a-t-il interdit les voyages, le vendredi ? En quoi, un voyage, le vendredi, pourrait-il offenser Dieu et nuire à son règne ? Allons droit aux faits, à la statistique ; l'administration allemande a constaté, en Allemagne et dans une année, 1674 accidents; le *lundi* ; — 1551, le *mardi* ; — 1631, le *mercredi*; — 1547, le *jeudi* ; — 1638 le *vendredi* ; — 1639, le *samedi* ; — 268, le *dimanche*. D'après cela, le *vendredi* a moins d'accidents que le lundi et le samedi. La conclusion, c'est que le vendredi n'est pas un jour néfaste. Et si, même, on ne devait se laisser guider que par les chiffres, il en résulterait que le dimanche, n'ayant eu que 268 accidents, — quand la moyenne des autres jours est de 1.600, ce serait le dimanche que Dieu aurait marqué de préférence comme jour de voyage, le dimanche qu'il a pourtant mis à part pour le jour du repos et de la sanctification ! C'est la logique de l'absurde.

*
* *

Parfois, on est en proie à de folles terreurs à la pensée des revenants, des lutins, des feux-follets... et l'on ne s'informe point s'il n'y a pas, derrière, la supercherie de quelque mauvais plaisant, ou tout simplement, comme nous l'avons déjà dit, l'inflammation du gaz hydrogène sulfuré, — par suite de la décomposition de matières animales ; soufflez dessus et les fantômes s'évanouissent.

Il arrive aussi qu'on est bouleversé par de soudains phénomènes... la nuit. Pourquoi toujours la nuit ? Pourquoi le plein jour n'est-il pas favorable ? C'est bien suspect et je suis sûr que si l'on traitait toutes les apparitions avec un bâton noueux, on assisterait à leur fugue précipitée : Les plus impressionnantes, paraît-il, sont les fantômes qui apparaissent dans les séances nocturnes du spiritisme. Flammarion, avec sa science populaire, a eu le tort de les accréditer dans la vaste publicité des *Annales politiques et littéraires*. C'est de la haute prestidigitation ; le truc est connu ; au-dessous d'un plancher à trappe, se cache un homme vêtu de blanc. Une glace au plafond, dissimulée, s'incline vers la trappe. Au moyen d'une lanterne sourde, on projette sur l'homme blanc les vifs rayons d'un gaz oxy-hydrogène et, instantanément, apparaît sur la scène un spectre livide qui donne la chair de poule à tous les assistants ; on ferme la lanterne et aussitôt le fantôme s'évanouit. En outre, en oignant les mains et le visage d'huile phosphorée, on obtient des apparitions de têtes et de mains phosphorescentes. Et les gens qui ignorent le secret de ces comédies affirment naturellement qu'ils ont vu, de leurs yeux vu, des revenants. Bien coupables sont ceux qui se prêtent à de telles supercheries, qui trompent, qui effrayent les pauvres gens, favorisant ainsi leur ignorance et leur superstition. Aller au fond du mystère, rechercher la cause dernière (car, tout effet a une cause), — tel est, nous le répétons, le moyen efficace de se désabuser.

De tout temps, la nécromancie a eu ses praticiens et ses dupes. Au moyen âge, la magie noire en fit sa spécialité. Jadis même, les anciens Gaulois ressuscitaient, les jours de bataille, pour combattre l'ennemi. Plus tard, les chouans, lors de l'insurrection de Vendée, ressuscitaient aussi, les jours de bataille, pour défendre la cause du roi. De nos jours, le spiritisme semble avoir le monopole de ces résurrections; le malheur, c'est qu'un examen sérieux n'en laisse rien subsister, moins encore que d'une bulle de savon qui crève au grand air.

Un cas, entre cent, de ces fantastiques apparitions : Un aubergiste d'Italie ayant perdu sa mère et étant remonté dans sa chambre, quelques jours après, en ressort affolé... il a revu sa mère dans son lit ! On accourt et un prêtre arrive pour l'exorciser. On tire avec soin les rideaux et, en effet, on aperçoit avec épouvante la figure d'une vieille femme, toute ridée, toute noire, coiffée de son bonnet de nuit et faisant d'horribles grimaces. « Es-tu bien notre mère ? » demandent les enfants. « Oui, oui, c'est bien elle, dit l'un d'eux, je la reconnais. Oh! ma pauvre mère! » Enfants et domestiques, tous la reconnaissent. Qu'alors on fut sorti de la chambre, le bruit de sa résurrection se fut répandu et l'histoire s'en serait emparée comme d'un fait certain, attesté par les plus irrécusables témoins. Heureusement pour la vérité, le prêtre requis s'approche pour ses exorcismes; il asperge la vieille d'eau bénite; mais celle-ci, au premier contact, bondissant tout à coup, s'élance sur le prêtre et le mord fortement au visage... Cris d'horreur! la coiffe recouvrant le visage étant tombée, on voit que la vieille mère n'est autre qu'un grand singe qui habite la maison; chaque soir, il voyait sa maîtresse se coiffer d'un bonnet blanc et se coucher dans les draps, et, par esprit d'imitation, il s'était affublé de sa coiffe et couché dans son lit.

Ainsi s'éclipsent les fantômes quand, avec décision, on va vers eux, et les réalités prennent la place des fictions.

.˙.

Au point de vue religieux, c'est monstruosité, c'est blasphème, que ce pouvoir exceptionnel des magiciens et des sorciers. Dieu déléguerait-il une puissance surhumaine à des disqualifiés, des indignes, des idiots? Le démon, à supposer qu'il soit autre chose que la personnification du mal, passerait-il d'un homme à l'autre par une sorte de métempsycose et se poserait-il en rival de Dieu, lui tenant tête, lui disputant son empire, jouissant du privilège de posséder les âmes, de dépraver les meilleures et d'inspirer une crainte plus grande que l'amour que Dieu inspire ?

Est-il admissible qu'au profit d'êtres immondes et de leurs œuvres ténébreuses, Dieu bouleverse ses lois éternelles ? Qu'il se dessaisisse de son gouvernement et qu'il livre l'histoire à des démons qui s'incarnent en des hommes de rien ? Ce serait passer du domaine de la superstition à celui du blasphème ! Oui, ce serait blasphémer que de prêter à Dieu de tels actes, sans grandeur, sans justice et sans moralité.

Irréligieuse, impie, autant qu'illogique et criminelle, — la sorcellerie n'est qu'une grossière et burlesque fraude, ne relevant que des tribunaux et des prisons. Et quant à ses adeptes, plaignons-les ; car, ils ne savent ce qu'ils font.

V

Remèdes

On en est vraiment à se demander si Charenton ne serait pas le meilleur remède contre de pareilles insanités. Ne soyons pourtant pas si sévère et signalons quelques-uns des moyens qui nous paraissent le plus efficaces contre une mentalité si friande de contes à dormir debout.

Le premier de ces moyens, évidemment, est la réflexion, l'examen, une raison qui raisonne. Si une ferme discussion ne suffit pas à convaincre des esprits obtus, de parti-pris, elle peut du moins créer des doutes, commencer à ébranler, à lézarder le vieil édifice de la crédulité.

Un remède plus énergique est le contrôle personnel, immédiat, résolu, chaque fois qu'il est possible. En novembre 1849, les prodiges de la somnambule Prudence Bernard avaient soulevé tout Genève ; remarquablement translucide, elle lisait, à travers une caisse fermée et obscure, ce que l'on avait écrit dedans. Trois docteurs éminents, réagissant contre l'enthousiasme général, proposèrent une caisse à eux, mais parfaitement éclairée à l'intérieur, avec un seul mot écrit par eux au fond, et une récompense de 10.000 francs à la fameuse somnambule si, dans ces conditions, elle parvenait à le lire. Refus absolu, d'où refroidissement de l'exaltation populaire : Prudence Bernard avait été prudente ; elle n'opérait... qu'avec sa caisse et... le concours de son impresario ! On se trouvait donc en présence d'un fait de simple prestigiditation. La science offre, sans doute, des cas curieux de double vue, d'insensibilité physique, de raideur musculaire. Mais il n'y a là qu'effets de lois naturelles connues (et non puissance satanique); les habiles en profitent pour tirer des mandats sur l'inépuisable crédulité publique.

Sans l'eau bénite du prêtre qui fit bondir la guenon du lit de la vieille mère morte, on eût affirmé, avec autant d'énergie que de sincérité, l'existence des revenants.

Sans la découverte du secret qui permettait aux frères Davemport de se dégager de leurs chaînes dans l'armoire close où ils étaient enfermés, on eût persisté à croire au bienveillant concours des démons pour les libérer !

Sans la trappe s'ouvrant dans le sous-sol et correspondant à la grande glace inclinée, on eût continué de proclamer l'apparition, sur commande, des esprits désincarnés qui ne fréquentent que les salles de spiritisme !

Sans les gros paris d'argent que, ni chevaux, ni chiens courants ne s'arrêtent court à l'ordre du sorcier, cette niaiserie serait universellement crue dans les campagnes.

Sans l'examen immédiat et précis de tel sort jeté, de telle guérison opérée, de tel secret merveilleux, on resterait toujours sous l'obsession de ces incantations diaboliques.

Tandis que, en passant les faits au creuset de la critique, en recherchant les vraies causes des phénomènes étranges, l'étrangeté s'évanouit devant une explication toute naturelle ; la lumière éclaire les esprits enténébrés, et, peu à peu, se prépare ainsi l'ère où le monde enfantin des fictions cèdera la place au monde des vraies réalités.

Raison, contrôle, c'est le début pour vaincre la superstition. Viennent, après, la *presse*, le *journal*, la *brochure*, la *conférence* populaire.

* *

Mais, avant et en sus de cela, se placent au premier rang : *l'École* où s'ouvre l'esprit, où l'on apprend à apprendre et *l'Église*, une Eglise rationnelle et investigatrice, avant-garde et non éteignoir du progrès.

De très bonne heure, par *l'École*, l'enfant doit être initié à la curiosité, à la libre recherche et mis en garde contre le monstre. Grandissant dans une saine atmosphère de bon sens et d'examen, accoutumé à ne rien accepter qu'à bon escient, à ne se courber aveuglément devant aucun de ces jougs autoritaires qui mettent la sourdine à toutes ses facultés, il grandira et se fortifiera dans la conscience de sa valeur propre, de ses devoirs et de ses droits. Son individualité se formera, s'accusera de plus en plus ; son caractère se trempera, sa conscience également, et il sera, non pas un simple numéro dans le nombre total, mais un homme, un citoyen qui compte et sur lequel on peut compter. En outre, l'enfant devient un actif propagateur dans sa famille. Les connaissances qu'il tient d'instituteurs capables et dévoués se répandront, grâce à lui, dans un rayon plus étendu. L'enseignement, dans sa jeune âme, laissera une empreinte ineffaçable, et, en y semant lumière et bon sens, l'instituteur y sèmera un avenir de raison et de sagesse.

Pendant que la vieille génération qui descend dans la tombe y emportera ses lubies et ses chimères, la nouvelle qui monte à la vie marchera d'un pied ferme dans la lumière de la vérité. Quelle infinie supériorité l'école ne nous donne-t-elle pas sur la crédulité païenne des campagnes ! Grâce à l'école bien conduite, comme elle l'est en général par des instituteurs qualifiés et ardents, on refoulera enfin la foi du charbonnier, la foi stupide qui attribue à de ridicules fétiches la puissance des démons et des dieux.

*
* *

Autant que l'*École*, si ce n'est plus, *l'Église* doit avoir sa large part dans l'épuration des cerveaux humains. *Catéchismes, prédications, usage de la Parole de Dieu,* tout doit être mis en œuvre dans ce but. L'Eglise a une mission de premier ordre, une double mission : une mission négative, destructive des préjugés et des sottes légendes ; puis, une mission d'illumination, d'affermissement des principes dans le triple domaine chrétien, intellectuel et moral.

Conclusion

Il faut que l'Eglise pénètre les âmes du sentiment profond de la constante présence de Dieu, de sa toute-puissance, de sa parfaite sagesse, de son inépuisable amour. Alors, s'abandonnant de tout cœur aux directions de son adorable Providence, l'homme, confiant, résigné, animé d'un calme courage, soufflera sur les fantastiques imaginations dont le monde a été si longtemps encombré, obscurci et déshonoré.

Le chrétien, ferme croyant, adorateur du Père, est affranchi, libre de toute puérile hantise et, joyeusement, il marche, en un sentier droit et clair, vers un avenir sûr, convaincu que la raison finit toujours par avoir raison.

Le superstitieux, au contraire, rivé à sa peur, est en tremblement continuel devant l'inconnu ou le mystérieux; il est en proie à mille obsessions, comme si l'air était peuplé d'êtres malfaisants; il est angoissé et abaissé, sans sécurité, sans confiance et sans paix.

C'est donc un devoir pour nous, chrétiens croyants et éclairés, de protester sans cesse et avec énergie contre la superstition qui est un des plus grands poisons du cœur et de la vie, de la combattre chez nous et chez les autres.

Il faut nous appliquer à la combattre par la raison, l'expérience, la parole, la presse, l'École et l'Église, de toute manière et, tôt ou tard, la vérité se dégagera des ténèbres de l'erreur, comme le soleil au matin se dégage des ténèbres de la nuit.

En résumé, nous affirmons : *la réalité des phénomènes psychiques;* leur dégénérescence en *superstitions;* les multiples *dangers* des superstitions, et les *remèdes,* les moyens curatifs qui sont *la raison, la science, l'École* et *l'Église.*

Nous ne nous flattons pas d'avoir épuisé la matière; nous sentons bien que nous n'avons pu donner que les rudiments d'un grand sujet qui appellerait des études annexes sur : la coexistence contradictoire des facultés humaines et des superstitions, sur l'origine du merveilleux, sur les rapports intimes de l'âme et de la nature physique, sur l'identité des lois du monde matériel et du monde moral, sur la limitation du naturel et du surnaturel, etc.

Nul ne sait mieux que nous que nous n'avons tracé qu'une incomplète esquisse; mais, au moins, nous avons ouvert le sillon et nous laissons aux jeunes la satisfaction de le pousser jusqu'au bout.

TABLE DES MATIÈRES

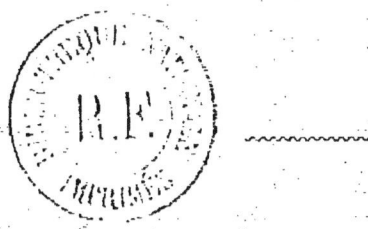

	Pages
Avant-propos	5
Phénomènes psychiques	9
Superstitions populaires	28
Leur histoire	31
Leur classification	42
Leurs dangers	52
Leurs remèdes	71
Conclusion	76